TASSILO HERZWURM

Mein Königreich Bayern

TASSILO HERZWURM

Mein Königreich Bayern

HERZENSBEKENNTNISSE
EINES EUROPÄISCHEN PROVINZLERS

BEI KURT DESCH

VERLAG KURT DESCH MÜNCHEN WIEN BASEL

Gedruckt in der Druckerei Georg Appl, Wemding
Gebunden in der Großbuchbinderei Gebhardt, Ansbach
Schutzumschlagentwurf von Christel Aumann, München
Schutzumschlag gedruckt von Seelig & Co, München
Printed in Germany 1972
ISBN 3-420-4655-3

Inhalt

Einleitung

Christus rex, der Christus-König, ist der Herr des Himmels und der Erden, von ihm geht alle weltliche und alle geistig-geistliche Gewalt aus. Diese beiden Gewalten teilen sich die geistlichen und weltlichen Obern: der Kaiser und der Papst, die Bischöfe und die Fürsten, die Landrichter und die Priester. Es gibt allerdings auch Herren, die beide Gewalten in einer Hand vereinigt halten: die Fürsterzbischöfe, die Fürstbischöfe, die Fürstäbte. Und auf dem Haupte des gesalbten Kaisers und Königs repräsentiert sich auch sehr viel geistig-geistliche Macht. Eine wohlgeordnete Welt war das im Mittelalter, und kein Mensch, kein Bankier, kein Kapitalist und kein Marxist dachte an irgendein Profitstreben. Niemand wollte etwas billiger erwerben, niemand etwas teurer verkaufen. In der Feudalordnung lebten die Leut glücklich. Sie waren ganz zufrieden mit ihrem verliehenen Grund und Boden, mit ihren Herren und Knechten, mit dem Ablauf des Jahres und des Lebens. Sie feierten Feste, die mit der Natur und mit den Heiligen eng verbunden waren, und sie wußten, was dem Nächsten wohl und wehe tat. Sie tranken den gleichen Wein, aßen das gleiche Brot, lebten und liebten mit der Freudigkeit einer letztmöglichen Verquickung natürlicher Instinkte und künstlerischer Visionen. Wenn die unendliche Beglückung der Menschen jemals eine Selbstverständlichkeit gewesen war, im europäischen Mittelalter war sie es, denn die Städte waren noch verhältnismäßig klein, und die Kaufleute waren noch Ehrenmänner, die sich mit kleinen Gewinnen begnügten.

Selbst der Stand der leichtfertigen Sünderinnen hat damals noch große Heilige hervorgebracht; ja, es gab sogar kanonisierte Rechtsanwälte. Ein Bauer aus der Gegend von Landshut kaufte auf dem Viehmarkt eine Kuh um sechzig Pfennige. Seine Bäuerin daheim schätzt den neuen Zugang des Viehstandes auf siebzig Pfennig. Da geht der Bauer dem Verkäufer nach und zahlt ihm den Unterschied drauf. Er hätte sich Vorwürfe gemacht, den Verkäufer vielleicht geschädigt zu haben.

Sogar auf dem Richtplatz hat es rührende Szenen gegeben, wie zahlreiche Votivtafeln in den bayerischen Gnadenorten beweisen. Da soll ein Student gerädert werden, heißt es auf einer Tafel in Altötting; durch die Fürsprache der gottseligen Mutter und Jungfrau Maria von Ötting kann der Scharfrichter dem Delinquenten nichts anhaben, und der Mann übersteht lebend die Tortur. Das ältere Recht bricht das jüngere, hat es damals noch geheißen. Denn je älter ein Gesetz, desto kräftiger war es beschworen, desto mehr Treue war in ihm, desto mehr königliche Milde und Weisheit, desto näher stand es seinem göttlichen Ursprung. Erst durch das Aufkommen der Juristen an den aus dem Boden schießenden Universitäten wurden die Gesetze immer schwieriger, komplizierter, komplexer, spezieller, definierter, umfangreicher, zahlreicher und auch grausamer. Bald gab es ein Handelsrecht und ein Wechselrecht, ein Zivilrecht und ein Strafrecht et cetera et cetera. Und als das internationale Kriegsrecht dazu kam, wurden die Kriege immer schrecklicher.

Die Juristen waren es auch, die den Begriff der Volkssouveränität in die Welt brachten, aus dem sich allmählich, zusammen mit den wachsenden Städten, den reicher werdenden Kaufleuten und Bankiers, revolutionäre Ideen herausentwickelten. Königsfeindliche Ideen, die die glückliche Menschheit wieder um Jahrtausende zurückwarfen in die unsicheren Epochen griechischer und römischer Republiken.

Die ideale Staatsform aber ist die diktatorische Monarchie, wenn der Diktator oder Monarch ein genialer Heiliger und Menschenfreund ist. Da dies leider nur selten oder fast nie der Fall ist, lebt die Menschheit ideal am glücklichsten und gesündesten in einer Mischform von Monarchie und Demokratie, in einer konstitutionellen Monarchie.

Denn ein so heilbringender Gnadenstrahl geht aus vom Königtum, daß in den Königreichen selbst das Wetter typischer empfunden wird als in den kopflosen Unbilden einer vaterlosen Horde. Könige nämlich regieren über Völker, Präsidenten über Massen und Horden.
So unpopulär und weltfremd im Augenblick das erhabene Königtum auch empfunden werden mag, seine geistige Restaurierung steht vor der Tür, in Bayern gleich gar. Soll der Reichtum Europas erhalten bleiben nach seiner Einigung, die getrost demokratisch geschehen mag und ohne kaiserliche Spitze, so müssen dennoch die Völker und Provinzen unseres ehrwürdigen Kontinents, diese hundertfältige Heimat, als warme Menschennester, mit größtmöglicher Menschlichkeit, mit Überschaubarkeit, mit einem vorhandenen Willen zur endlichen Stetigkeit und Stagnation, mit familiärer Geborgenheit, mit heimischer Festlichkeit und Frömmigkeit gestaltet werden, mit Musik und Liebe müssen sie zu der Erhabenheit einer europäischen Provinz wiedergeboren werden.
Selbstverständlich kann jedes europäische Volk die Staatsform wählen, die ihm nach Sehnsucht und Tradition am meisten zusagt. Es darf in dem Vereinigten Europa – es muß sie geben wegen der europäischen Fülle und geistigen Lebendigkeit: Monarchien und Republiken, geistliche Fürstentümer und Diktaturen. Für uns Bayern aber ist die konstitutionelle Monarchie unter dem erlauchten und königlichen Geschlechte der Wittelsbacher die freudigste, festlichste, menschlichste, gerechteste, ehrlichste, stolzeste, älteste, künstlerischste, frömmste, bescheidenste und prunkvollste Staatsform zugleich.
Bayern wieder ein Königreich in einem demokratisch vereinigten Europa, das wäre der Himmel auf Erden. Es lebe Europa, es lebe der König!

Die obligate Kgl. Bay. Frühjahrsparade

Blau der Himmel, blau die Uniform, gold- und silberglänzend die Epauletten in der Frühlingssonne auf dem Marsfelde des Oberwiesenfeldes. Der Musikzug des Leiberregimentes intoniert den Präsentiermarsch. Seine Exzellenz der Kgl. Bay. Herr Kriegsminister von Triva tummelt seinen braunen Wallach zwischen den prächtig aufgeputzten Gäulen der anderen Exzellenzen und Generale. Auch der Generalarzt der Kgl. Bay. Armee, Seine Spektabilität Professor Dr. Johann Nepomuk von Nußbaum, fehlten nicht. Es ist das kleine höckrige Gichtmännchen mit dem funkelnden Goldzwicker dort auf dem braven Rappen. Die Offiziere halten die Degen gezückt, die schnauzbärtigen Feldwebel und Unteroffiziere stehen in verhältnismäßig gemütlicher Habtachtstellung vor ihren Zügen. Man kann selbst unter den Mannschaften Ansätze zu kleinen Bierbäuchen beobachten; denn das Bier ist in den Kantinen der Kgl. Bay. Armee wohlfeil und um ein Erkleckliches billiger als anderswo. Die Kommandos sind verstummt, die martialischen Friedenszeremonien durchexerziert, der Präsentiermarsch erklingt bereits. Da öffnet sich die Suite der Exzellenzen auf ihren tänzelnden Pferden, und auf einem würdevollen Schimmel leuchtet die greise vollbärtige Gestalt Seiner Kgl. Hoheit des Prinzregenten auf, des Königreichs Bayern Verweser. Hoch zu Roß nimmt er die Frühjahrsparade ab. Es ist ein patriotisch-erhabenes Schauspiel, ein bißchen kriegerisch und ein bißchen musikalisch, ein militärparadiesisches Parademilitär.
Sage niemand, daß so etwas damals schon sinnlos gewesen sei und heute einfach Geld- und Zeitverschwendung wäre! Der Akt einer solchen Friedensparade mit unzeitgemäßer Bewaffnung hat einen symbolischen Wert. Und die symbolischen Werte haben eine größere Bedeutung als die praktischen. Nicht auf allen Gebieten selbstredend, wohl aber, wenn es gilt, Macht und Stärke den

Seinigen zu zeigen. Ein Urakt in dem behüteten Bezirk einer Völkerfamilie. So eine Kgl. Bay. Frühjahrsparade erregt die Phantasie der Angehörigen des ganzen Stammes, und selbst die Journalisten schlagen einen leicht manöverbegeisterten Ton an. Sie spotten nicht, sie schreiben aus der gleichen sich geborgen fühlenden Heiterkeit heraus, aus der einem gelegentlich auch humorige Wendungen aus reinem Übermut einfallen. So darf es in den das militärische Frühjahrsschauspiel beschreibenden Gazetten alljährlich heißen: »... und sollten die Kantinenwirte der Schweren-Reiter-Kaserne künftighin angehalten werden, den Bierausschank am Vorabend der Frühjahrsparade um eine halbe Stunde früher als an den übrigen Tagen des Jahres beschließen zu wollen ...«
Trotz dergleichen »menschlicher Vorkommnisse« lenkt die Parade vor dem höchsten Repräsentanten des Volkes und zugleich dem allerhöchsten Abgesandten der von Gott gewollten Obrigkeit, unter klingendem Spiel, auf dem Marsfelde die Gedanken der Leut oder »Untertanen«, der akademischen sowohl wie der normalen, auf die Verteidigung des großen Vaterlandes, auf den Frieden in Europa hin. An so einem Tag wird hitziger politisiert an den Biertischen als an anderen Tagen. Der Friede wird bestätigt; denn der Spruch si vis pacem, para bellum – wenn du den Frieden willst, rüste zum Krieg – zeigt an einem solch solennen Festtag auch nur noch seinen symbolischen Charakter. Aggressionen werden durch symbolisch aggressive Handlungen nicht nur auf-, sondern auch abgebaut. Man darf halt nichts übertreiben! Auch darf man Symbole nicht zu stark strapazieren. Und es ist gut, wenn selbst martialische Paradesymbole menschliche Schwachheiten durchblikken lassen, wie zum Beispiel jene, daß eine Eskadron Schwerer Reiter ihre Lanzen nicht an der Lende hielt. Symbole der Macht sind mit großem Geschick zu üben. Man braucht dazu die Erfahrungen einer uralten Liturgie, die sich gelegentlich zu bloßen Handhabungen zu entleeren scheint. Gerade diese Mischung von Würde und

Gemeinheit ist es, auf die es ankommt bei Kgl. Bay. Paraden und Zeremonien. Honoratioren haben in den alten Provinzen Europas ein bißchen vornehm und ein bißchen leger zu sein. Und die Kerze Seiner Kgl. Hoheit des Prinzregenten, die dieser während der obligaten Münchner Fronleichnamsprozession mit legerer Frömmigkeit in der Hand hält, braucht nicht mehr zu brennen, auch wenn sie an jedem Evangeli-Altar neu angezündet wird vom diensttuenden Kammerherrn und Sakristan der Hofkapelle. Vollendet arbeiten kaum die größten und fleißigsten Maler und Bildhauer, auch nicht die Dichter und Komponisten, geschweige denn die Architekten. Und doch sollten die Künstler nach Vollendung streben und sie beinahe auch jeweils gelingen lassen. Bei den von Menschen ausgeführten Zeremonien in großen symbolgeladenen Szenen ist auf die unzulängliche Menschlichkeit zu achten. Wie rührend ist es, wenn einem Papste im Augenblicke seiner Krönung es unter der tausendjährigen Tiara juckt und er einen mäßigen und kaum kaschierten Kratzer andeutet! –

Es ist nicht das Verdienst der römischen Kirche und der bayerischen Dynastie, diesen unnahbar und menschlich zugleich so legeren Stil symbolischer Repräsentanz erfunden zu haben, aber in den beiden Liturgien sind die Zeremonien uralt und gewohnt. In den meisten Provinzen Europas verfügt man über derlei Stilempfindung. Es zählt zum kostbaren Erbe alter Kulturen.

In der herzlosen Welt des Kopfes und des Unterleibes haben abgegriffene Zeremonien keinen Nutzen. Ihr Wert kann therapeutisch nicht gemessen werden – bestimmt nicht von Krämerseelen.

Wer die tiefe Bedeutung von unzulänglich ausgeführten Zeremonien kennt, der ist gebildet.

Eine merkwürdige Definition, aber durch zahlreiche Geschichten belegbar.

Die Fahnenweihe

Es ist ein heißer Junitag. Die niederbayerische Filialgemeinde Kerbling begeht das Fest einer Fahnenweihe des Schützenvereins Hubertus. Tage aufgeregter Vorbereitung gehen voraus. Es werden Girlanden gebunden, es wird ein Festaltar auf dem Holzberg aufgestellt. Die Ehrenjungfrauen bekommen neue lange weiße Gewänder mit weißblauen Schärpen. Sie müssen neben der neuen, jungfräulichen Fahne einherschreiten. Es gibt eine Fahnenmutter, einen Fahnenjunker und Beiständer. Der Weg für den Kirchenzug ist reich geschmückt und führt in Windungen zum Altar auf den Holzberg hinauf. Die Musikkapelle ist durch sechs Mann verstärkt. Seit sieben Uhr früh werden ununterbrochen vom Bahnhofe herein, obschon die meisten mit dem Auto kommen, die geladenen Vereine mit klingendem Spiel in die Dorfmitte hereingeleitet bis zum großen Festzelt, das auf dem Anger des Gast- und Tafernwirtes Haselmeyer Jakob von der Bierbrauerei aufgeschlagen worden ist und in dem es bis zum Kirchenzug Schnäpse und Bier und Weißwürst und Wiener gibt zu frischen Brezeln, Senf und Semmeln. Insgesamt kommen achtunddreißig Vereine zusammen. Überwiegend Schützenvereine freilich, aber es sind auch etliche freiwillige Feuerwehren, etliche Trachtenvereine mit hübschen Trachtendirndln darunter, und auch die Veteranen fehlen nicht. Langsam wird es neun Uhr, und die überbeschäftigten Gastgeber lassen zum Kirchenzug aufstellen. Die Sonne entwickelt eine heiße, fröhliche Temperatur. Einige Schützen und Trachtler trinken noch ihre frühe Vereinsmaß aus, und die Taferlbuben winken mit ihren Schildern. Drei Musikkapellen sind es mittlerweile geworden, und sie werden auf die Länge des fast sechshundert Meter messenden Zuges geschickt verteilt. Drei Schleifen sind eingebaut, auf daß es gründlich zu den Höhepunkten des Zuges kommen kann, zu den vielgepriesenen »Gegenzügen«, wo es besonders festlich zugeht, wenn zwei Kapellen spielend nebeneinander vorbeiziehen. Die einen blasen gerade den Erzherzog-Albrecht-Marsch, und die andern intonieren nicht minder kräftig und stolz den Bayerischen Defiliermarsch. So etwas hat einen Klang! So etwas läßt sich überhaupt nicht mehr steigern. Die ältesten Veteranen müssen fortwährend den Schritt wechseln, und die Fahnenträger schwenken ihre Fahn', daß sich ihre Körper hin und her biegen. Achtzigjährigen treten die Tränen ins Auge.

Die Fahnenmutter geht den Ehrenjungfrauen voraus, und die Initiatoren des Festes, die Kerblinger Schützen vom hl. Hubertus, vergessen für Augenblicke das Abrechnen über den Verkauf der Festzeichen, von denen man viel zuwenig hat machen lassen! – Es geht bergauf, und die Musikanten müssen arg schnaufen.

Endlich ist man oben auf dem Holzberg. Er ist sauber gemäht und frisch geheigt, und er gehört dem zweitgrößten Bauer von Kerbling, dem Spanhuber. Unten liegt das Dorf, und man sieht alle Häuser, und in der Mitte die Filialkirche, daneben den Wirt, das Festzelt auf dem Anger, die Bauernhäuser, den Schmied, den Schreiner und auch das Schneiderhäusl am Ende des Dorfes.

Den Festgottesdienst feiert nicht der Pfarrer von Sittelbach, dem es eigentlich zustünde, sondern ausnahmsweise darf heute – auf Wunsch der Kerblinger Schützen – ein Sohn Kerblings zelebrieren, und zwar kein Geringerer als der Schneider-Xaverl, der grauhaarige Bruder des alten Schneiders, der hochwürdigste Herr Domkapitular Franz Xaver Seilerstorfer, päpstlicher Hausprälat und Seelsorgereferent der Diözese, auf den man nicht wenig stolz ist. Er darf heute zelebrieren und die Fahne weihen.

Der Xaverl ist mit den Ministranten und dem Mesner und noch drei anderen Geistlichen fleißig mitmarschiert auf den hohen Holzberg herauf und wird nun an den bescheidenen, aber reich geschmückten Holzaltar herangeleitet, wo eine kleine gepolsterte Kniebank aufgestellt ist. Der hochwürdigste Herr Schneider-Xav und Domkapitular, vorerst angetan noch mit einem simplen Chorrock über seinem roten Prälatentalar, kniet nieder und

versenkt sich in ein heimatliches Gebet. Alle Vereine haben mittlerweile um den Altar herum Aufstellung genommen und stehen still da. Es ist einem erhaben zumute. Sie sehen ihren hochwürdigsten Landsmann knien, spüren es auch, wie er ins Dorf Kerbling hinunterblinzelt und wie sein Blick an dem kleinen Vaterhaus, am Schneiderhäusl, einen Augenblick haftenbleibt. Wahrscheinlich denkt er jetzt an seine schöne Jugendzeit, vermutet der alte Spanhuberaustragsvater, einer der noch wenigen lebenden Schulkameraden des Schneiderherrn. Und vielleicht fällt ihm auch ein, wie wir zwei zusammen einmal, während seiner Vakanz, wo er bei uns den Erntekecht gemacht hat, zu der Fürwetzen-Nanne ans Kammerfenster gegangen sind. Niemals hat das jemand erfahren dürfen, und jetzt schon gleich gar würde das niemals mehr jemand innewerden, gelobt sich in diesem Augenblick der alte Spanhuber. Und es wallt eine große Freundschaft für den alten Geistlichen in ihm auf, obschon sie zusammen in die Volksschule gegangen sind und auch einmal gerauft haben wegen eines Maikäfers.
Die Kapellen versammelten sich in der Nähe des Altares, denn man würde gemeinsam die Weisen der deutschen Messe von Franz Schubert spielen: »Wohin soll ich mich wenden, wenn Gram und Schmerz mich drücken?« – Aber noch ist es nicht soweit. Der Hochwürdigste Herr Domkapitular ist noch immer im Gebete versenkt und kniet mit seinen zwei Zentnern auf dem einfach gepolsterten Betschemel der Filialkirche von Kerbling vor dem Feldaltar auf dem Kerblinger Holzberg und hat mit seinen unordentlich gefalteten Händen die Augen verhüllt. Was heißt schon »unordentlich gefaltete Hände« für einen Domherrn einer bayerischen Diözese? Locker und schwer hat er, wie ein alt gewordener Bauernbub, seine gesalbten Priesterhände ineinandergelegt und dazu den gebeugten Rücken noch weiter hinuntergebuckelt in die bequeme und legere Haltung eines Austragsbauern während des Predigtschlafes in den engen Kirchenstühlen, in denen man, auch wenn man saß, halb kniete. –

Der stolze Fahnenjunker mit seinen Beiständern steht dicht hinter dem Priester. Die übrigen den Domherrn begleitenden Geistlichen knien auf der harten Altarstufe. Der Filialmesner, unerfahren in dergleichen Situationen, steht verlegen wartend mit dem Meßgewand in der Hand neben dem versunkenen Zelebranten – ein erhabener Augenblick! Die Leute ringsum harren der Dinge, die da endlich kommen sollen. Noch fühlten alle den herrlichen Tag und waren gerührt mit der gerührten Seele des zurückgekehrten Sohnes. Denn er war nur sehr selten heimgekommen. Wie er noch Kooperator gewesen war in Straubing und in Neuburg, in Roding und in Cham, damals ist er manchmal zu Besuch hier gewesen, auch als Pfarrer von Parsberg noch, aber dann kam er immer seltener. Man las nur von ihm, daß er Regens, daß er Domherr, daß er gar Prälat geworden war. Respekt vor den Schützen! Die haben ihm geschrieben, die haben ihn zur heutigen Fahnenweihe eingeladen, und der Xaverl ist auch gekommen. Der Schützenbund Hubertus allein hat den Domkapitular hergebracht.
Der alte Spanhuber stand hinter den Jungfrauen gleich in der ersten Reihe des Volkes, und der Wimmer-Hansl, auch ein alter Schulfreund und langjähriger Straßenmeister, stand neben ihm. Man flüsterte nicht. Etliche hundert Leut waren etliche Sekunden mucksmäuschenstill. – Da hielt es der unerfahrene Filialmesner nicht mehr länger aus, und er schlich sich an den Hochwürdigsten Herrn Prälaten ganz nahe heran, hüstelte, hielt ihm das Meßgewand beinahe schon über den Kopf und stieß mit dem Fuß leicht gegen den Betschemel. Nervös und unauffällig tat der Mesner von Kerbling so, und er hatte Erfolg. Der Domkapitular Franz Xaver Seilerstorfer fuhr aus seinen träumenden Jugendgebeten auf und erhob sich langsam und nicht ganz ohne Müh, und schon hatte ihm der Mesner die goldene Kasel übergestülpt. Der Spanhuber aber, ein alter Bauer mit einer wachsweichen Seele, sagte in diesem Augenblick halblaut und sehr ungezwungen zu seinem Nebenmann, dem Wim-

mer-Hansl: »So! Dengascht amal! Gschirrns'n endlich an!«
Alsogleich fing das Stufengebet an, und die vereinigten Blaskapellen intonierten »Wohin soll ich mich wenden«. Eine solenne Festivität so eine Fahnenweihe in Bayern. Festlich und leger, beinahe königlich-bayerisch!
Man soll allerdings den Tag nicht vor dem Abend loben. Der Hochwürdigste Herr Franz Xaver Seilerstorfer weihte die Schützenfahn' und heftete auch den übrigen achtunddreißig Gastfahnen ein geweihtes Erinnerungsband an, er hörte sich etliche Mädchengedichte an und sprach dann selber in der Predigt einige freundliche Heimatworte, aber dann ging es mit großem Durst und mit gehörigem Hunger und mit schneidigen Märschen bergab ins Bierzelt. Zwischen Bürgermeister und Schützenkönig nahm der Domherr sein Mittagsmahl ein, redete bald von jener Familie, bald von dieser und trank etliche Male auf das Wohl eines Nachbardorfes. Die Kapellen spielten übers Mahl, und die leeren Bierbanzen häuften sich vor dem Festzelt. Der Spritzenmeister der Tegernbacher Feuerwehr setzte sich mitten unter die Kerblinger Trachtendirndln, und am Nebentisch fingen sie das Lied zu singen an vom schönsten Wiesengrunde. Am Abend würde man nur noch den Böhmerwald besingen. Dazwischen wurde auch getanzt, und etliche Paare formierten sich deutlich. Der nachmittägliche Festzug, ganz ähnlich wie der vormittägliche Kirchenzug, brachte noch einmal einen Einschnitt in den natürlichen Ablauf der menschlichen Freuden. Und dann nahm die Natur ihren Lauf, und gar manches Brautpaar wurde gegen Mitternacht glücklich. Die Ehrenjungfrauen lagen in ihren Kammern, der Prälat lehnte das Bett im Pfarrhof ab und schlief im Vaterhäusl, der Fahnenjunker aber saß mit den lieben Kameraden und den anderen Initiatoren des Festes noch um vier Uhr in der Früh im Festzelt. Die neue Fahne konnte von den Einnahmen der Festzeichen leicht bezahlt werden.
Seitdem München keine königliche Haupt- und Residenz-

stadt mehr ist, sondern bloß noch eine Weltstadt, fehlen diese Zeremonien. Hätte der Prinzregent nicht noch das Glockenspiel am Rathausturm einbauen lassen, das mit seinem fürstlichen Turnierspiel an die Landshuter Hochzeit erinnert und mit dem Schäfflertanz an einen höfischen Reigen, dann würden in dieser täglich wachsenden Betonwüste überhaupt keine würdevollen Zeremonien mehr vollzogen werden. Dann müßte man nach London fliegen zur Horse Guard und zur Wachablösung am Buckingham-Palast oder nach Stockholm, nach Brüssel, Kopenhagen, Luxemburg, nach Holland oder zum Vatikan.

Wenn Bayern wieder eine Monarchie würde, kämen die nach Zeremonien dürstenden Menschen aber auch nach München und könnten hier am Marienplatz, an der Hauptwache, täglich die glänzende Wachablösung sehen. Das waren noch Zeiten! Wache raus! Und das Bier holten die Wachsoldaten vom Gasthaus zum Ewigen Licht. Besonders schön war es, wenn ein junger Wittelsbacher Prinz das Kommando geführt hat. Das war freilich nur sehr selten der Fall, jede Generation vielleicht einmal an irgendeinem Wochenende. Und kam dann eine Königliche Hoheit vorbei, so hieß es »Wache raus!« – Und die Militärkapellen Münchens waren zu den Zeiten der Monarchie weltberühmt. Bei der Wachablösung konnte man sie hören. In den Bierkellern spielten sie auch auf: im Münchner-Kindl-Keller und im Hackerkeller, beim Löwenbräu und beim Pschorr. Von allen Militärs waren in München die Herren Musikanten und Stabstrompeter die angesehensten und auch fleißigsten. Es war eine Lust zu leben.

Was ist dagegen eine Stereoanlage? Ein Standkonzert im Hofgartenpavillon am Sonntagvormittag konnte einen Selbstmörder wieder leichtfüßig machen. Und noch großartiger war es an der benachbarten Feldherrnhalle. In der bayerischen Feldherrnhalle stehen ja nur zwei Feldherren drin, Tilly und Wrede. Aber in die Mitte der Halle ließ unser großer König Ludwig I. einen bayerischen Soldaten stellen! Und dieser Soldat hat beide Hände voll zu tun. In der einen Hand hält er die Fahne hoch, und in der anderen hält er sein liebes Mädchen. Was könnte es Heiligeres geben für einen Kgl. Bay. Soldaten als die Fahne hochhalten und sein Mensch? Symbolisch natürlich, denn das Bier ist uns auch noch wichtig.

Kalt lief es einem über den Rücken, wenn kirchliche und königliche Zeremonien zusammentrafen, wenn der Hof feierlich bei der Fronleichnamsprozession mitschritt, der Monarch gleich hinter dem Himmel, eingesäumt von den Edelknaben der Kgl. Pagerie in einem besonders feierlichen Schritt, dahinter die Königlichen Prinzen und die Herren Minister mit ihren Schiffshüten und in degenbehangenen Paradeuniformen. Welch ein Bild der Größe und Festlichkeit! – Es ist in hohem Maße unsozial, daß es in einer Demokratie dergleichen nicht mehr zu schauen gibt.

An den hohen Marienfesten hat man zeitweise der Patronin Bayerns, der Königin des Himmels, der Jungfrau und Mutter Maria auf dem Marienplatze militärische Ehren zukommen lassen. Und nach einem feierlichen Salve Regina der höchsten Klerisei erklang der Kgl. Bay. Präsentiermarsch. Und dann knieten der Monarch und an seiner Seite die Königin, dann knieten der ganze bayerische Hof und alle anwesenden Münchner und Münchnerinnen nieder vor der Mariensäule und empfingen vom Erzbischof den Segen mit dem Allerheiligsten, welches dann in feierlicher Prozession wieder in den Dom oder in die Herzogspitalkirche zurückgetragen wurde.

Auch nach so einer Festlichkeit gab es Bratwürst wie am Prangertag. O sancta Patrona Bavariae, unter deinem Schutz und Schirm steht dein ganzes Bayernland!

Die Römerzahl oder die Kontinuität der Monarchie

Und wer da glauben möchte, in dieser technischen Welt sei für dergleichen Zeremonien kein Platz mehr, der irrt sich bedauerlich und schwer. Gerade die Funktionen der Maschinen, die Welt der Schrauben und Bolzen, der Drähte und Kondensatoren, der Transistoren, der Röhren und Kontakte, der Kolben und Zündkerzen, der Turbinen und Düsen, der Preßlufttüren und Druckkabinen, der Röntgenstrahlen und Laser, der Kraftanlagen und Kesselhäuser, der Zyklotrone und Atommeiler, gerade diese Fertigungsanlagen und Produktionsstätten bedürfen einer Monarchie, einer Vaterschaft. Menschlich erfühlbar und segensreich überschaubar wird nämlich jede Funktion, wenn sie – und sei es noch so locker und deutbar – nominell im Dienste eines Herrschers funktioniert. Selbst das Unheimliche wird heimlicher in einem Königreich. Fluktuation und Mobilität stagnieren plötzlich, das Unbeständige wird steter in der Kontinuität einer herrschenden Dynastie. Der König ist tot, es lebe der König! Die Generationen kommen und gehen, und dennoch zählen wir die Ära nach dem Namen des Königs. »Solang der alte König noch regiert hat, dös war eine gemütliche Zeit! Die maximilianische Zeit ist anderst! Und die zweite Ludwigzeit ist mir bereits fremd. Die Prinzregentenzeit soll ja wieder zünftig werdn, aber da bin i jetz schon z'alt.« –

Früher zählte man nur nach der Römerzahl oder Indiktion, nach der Zahl der Jahre des regierenden Papstes. »Gegeben zu München im vierten Jahr der Regierung Seiner Heiligkeit Papst Martins V.« Oder es hieß auch noch zusätzlich: ». . . und im 18. Jahr der Regierung unseres gnädigen Herrn Herzogen Heinrich«, was ungefähr dem Jahre 1421 entspricht. Die Ära des Regenten! Ein Jahrzehnt oder drei Jahrzehnte? Wann nimmt ihm der Himmelskönig das Zepter aus der Hand? – Es ist ungewiß, der Tod kann jede Stunde kommen.

Und doch läßt der König die Jahre seiner Herrschaft mit erzenem Griffel aufschreiben, denn die Jahre seiner Regierung werden eine historische Epoche darstellen.
Wie nahe liegen hier wieder Tod und Unsterblichkeit! Wie unzulänglich menschlich ist diese Zeremonie der stolzen Klio, die schwache Menschenjahre aufschreibt, als handelte es sich um Äonen! Das ist schon ein erklecklicherer Schnitzer als der hinkende Flügelmann in der dritten Kompanie des zweiten Regimentes Kronprinz. Es ist unzulänglicher als das zerrissene Jungfernkränzlein am Abend der Kerblinger Fahnenweihe! – Aber woher denn! Der Tod des Königs stellt in dieser Rechnung nicht mehr dar als einen kleinen Fauxpas des Zeremonienmeisters während der Krönungsfeierlichkeiten. »Er starb im dreiundzwanzigsten Jahre seiner Regierung.«
Ein Fauxpas des Königs im verstrickten Ablauf seiner szenenreichen Regierungsjahre. Das Besthaupt wurde früher fällig, wenn ein hoher Lehensherr das Zeitliche gesegnet hatte, das beste Haupt im Stall als eine am Todestage des Herrschers fällig werdende Sondersteuer. Eine simple Vermögensabgabe, ein feudaler Konjunkturzuschlag. Der König ist tot, es lebe der König! –
Natürlich gab man nicht das beste Haupt her, sondern eher das schlechtest'. Es hieß nur symbolisch das Besthaupt. Und früh schon wurde dieses Besthaupt in eine Geldsteuer umgerechnet. Manche Domkapitel und Fürstabteien wählten gern alte und uralte, gebrechliche Kandidaten auf die Throne, damit das Besthaupt nur ja bald wieder fällig wurde. Und die Untertanen schimpften dann: »Was, an altn Pater Placidus habn's gewählt? Da werd mein alter Ochs nimmer foast, bis der in d' Gruft muaß!« –
Innerhalb eines Jahres konnte ein Besthaupt nicht zweimal fällig werden. Das war auch wieder ein Trost.

Von der Kgl. Bay. Eisenbahn

Unsere bayerischen Könige haben alle länger regiert, manche gleich gar dreißig und vierzig Jahre. Selbst der greise Prinzregent hat noch sein silbernes Regierungsjubiläum feiern können.

Zu seiner und zu seines Vorgängers Zeit, des berühmten schönen Märchenkönigs Ludwig II., kam es schon öfters zu königlichen Zeremonien anläßlich der »Inbetriebnahme technischer Apparaturen und Maschinen«, woran man sehen kann, wie im Königreich Bayern der technische Fortschritt hofiert wurde, ja hoffähig geworden war.

Schon unter Ludwig I. wurde das Zeitalter der Eisenbahnen in Bayern höchst feierlich eingeführt. Der bayerische König ließ überhaupt die erste deutsche Eisenbahn bauen und auch feierlich eröffnen. Der König fuhr selber mit, und bei dem Erinnerungsgemälde fehlt auch der rote Teppich vor dem Wagen des Königs nicht. Er ist freilich noch sehr klein, nicht größer als ein Bettvorleger.

Ludwig I. hat die Bedeutung der Eisenbahnen vorausgesehen und auch entsprechende fördernde und fortschrittliche Anordnungen getroffen. Er hat alsbald die vielen Eisenbahnaktiengesellschaften verstaatlicht, hat Anregungen für eine großzügige Streckenführung gegeben, er hat schließlich befohlen, daß bei der Anlage von Eisenbahnbrücken möglichst auch auf die ästhetische Ausführung des Projektes Wert gelegt wird, daß etwa Brückenbögen in römischem Stile ausgeführt werden sollten.

Als die Münchner den Hauptbahnhof näher bei der Stadt haben wollten, signiert er: »Es bleibt bei meiner Entscheidung, die Lage des Bahnhofs betreffend. Wie ich bereits bemerkte, fahren muß man doch vom Bahnhof in die Stadt, in jedem Falle, ob mehr oder weniger, darauf kommts nicht an. Und im Vergleich zu der beträchtlich höheren Summe, die befraglich nähere Bebauung erfordern würde, verschwindet der Vorteil.«

Ludwig kümmert sich um Details. Die Eisenbahnhöfe

will er zum Beispiel »einfach möbliert haben«. – »Zu luxuriöse Spiegel haben da nichts zu tun. Einfach soll es werden, aber reinlich«, lautet ein Handsignat Seiner Majestät. Und für die Personenwagen schreibt er bereits 1841 vor: »Bei diesen muß auf lange Menschen, und daß sie sich bedecken und darnach aufrecht sitzen können, gehörig Bedacht genommen werden. Und daß die Frauen ihre Kopfbedeckung nicht selten höher tragen als die Männer! Und daß Männer mit langen Beinen sie ausstrecken können, wovon das Gegenteil peinlich ...«
Da haben wir gleich das erste Eisenbahnreglement, eigenhändig vom bayerischen König aufgesetzt. Mit Recht wird diese Bahn von Anfang an »Königlich Bayerische Eisenbahn« genannt. Anno 1835, anläßlich der ersten Dampfroßfahrt von Nürnberg nach Fürth, ließ Ludwig eine goldene Gedenkmünze prägen, und er verfaßte dazu auch eigenhändig und königlich eigenköpfig ein Gedicht. Von diesen kgl. Bay. Versen kann man sich heute noch überraschend modern angesprochen fühlen. In diesen königlichen Hexametern, die den Rhythmus der Dampfmaschine nachempfinden, heißt es also:

Aufgehn wird die Erde in Rauch, so steht es geschrieben.
Was begonnen bereits; überall rauchet es schon.
Jetzo lösen in Dampf sich auf die Verhältnisse alle,
Und die Sterblichen treibt jetzo des Dampfes Gewalt,
Allgemeiner Gleichheit rastloser Beförd'rer. Vernichtet
Wird die Liebe des Volkes nun zu dem Land der Geburt.
Überall und nirgends daheim, streift über die Erde
Unstät, so wie der Dampf, unstät das Menschengeschlecht,
Seinen Lauf, den umwälzenden, hat der Rennwagen begonnen
Jetzo erst, das Ziel lieget dem Blicke verhüllt.

Von der Fürstenliebe des Bayernvolkes

Ein wie gescheiter König! Obschon das Bayernvolk gerade berühmt geworden ist wegen seiner großen Fürstenliebe, in der es jeden Wittelsbacher gern hat, ob er nun gescheit oder sonderlich, kunstsinnig und musikalisch oder verschlossen und eigenbrötlerisch, freudig und leutselig oder melancholisch und einsam, glücklich und generös oder griesgrämig und geizig, arbeitsam und würdevoll oder abwesend und unzugänglich ist; ob er ein erster oder zweiter Ludwig ist, ein erster oder zweiter Maximilian. Wie ihn das Hausgesetz auf den weißblauen Thron befiehlt, also wird er geliebt.

Ludwig I. war ein Glücksfall. Maximilian II. war dem Volke ein professorales und preußenfreundliches Schicksal. Ludwig II. wieder war ihm ein schöner Jüngling und Lohengrin. Ganz genau auf die Mentalität des bayerischen Stammes hat dann der dritte Ludwig gepaßt, der eifrige Landwirt und redliche Repräsentant sparsamer Bescheidenheit eines im Grunde halt doch auch bescheidenen Volkes. Er war ein Greis schon als Kronprinz und wurde doch nie ein schützender Patriarch, was sein Vater, der Prinzregent Luitpold, in göttergleichem Maße gewesen: Grandseigneur, Jäger und Patriarch. Das genügt, mehr braucht ein König in Bayern nicht zu sein. Ein bisserl ehrlich kunstsinnig halt noch – und sei es so erschütternd ehrlich wie Prinz Luitpold, der nur Jagdgemälde wirklich liebte und auch an die tausend Jagdbilder sammelte, in Auftrag gab oder spontan erworben hat. Ein kunstsinniger Monarch, denn Ludwig II., der erhabene Liebling der Musen, war abgrundtief schwermütig.

Der König ist auch König, wenn er schläft. Und er wird immer so sehr geliebt, wie ein Volk sich selbst liebt, mag er krank oder gesund sein. In Bayern kann die begeisterte Liebe gelegentlich auf die Spitze getrieben worden sein, aber in jene abgefeimte Schmeichelei dekadenter Hofschranzen und gemeiner Opportunisten, wie wir sie in den Vorzimmern heutiger Machtträger noch täglich beobachten können, ist das Streben nach dem Erwerb der Fürstengunst in der ältesten Monarchie Europas nie gefallen. Den Ton krasser Unterwürfigkeit brachten immer Fremde vor den bayerischen Thron, instruierte Diplomaten und Nordlichter, verrückte Zeremonienmeister und einflußreiche Frömmlinge.

Die Bayernfürsten gaben sich im Umgange mit dem Volke frei und leutselig, bäuerlich. Der Charakter des bayerischen Bauern ist in seiner idealen Vollendung eben selber königlich. Man hat seine Sitten und Bräuche, seine Zeremonien, einen fürstlichen Sinn für Gerechtigkeit und Freiheit und ein Wissen um die ewige Glückseligkeit.

»Im Himmel droben komma alle wieder zsamm, wenn a Glück dabei is.« Es ist ja grad, daß die Zeit vergeht, und es kann keiner etwas mitnehmen.

Es starb der große Kaiser Ludwig der Bayer in den Armen eines Bauern bei Fürstenfeldbruck auf der Sauhatz. Ludwig sank vom Pferd und starb mit den Worten: »Vielliabe Frau Maria bi bei meiner Scheidung!«

Maximilian III. Josef schloß sich gern, so es der Zufall wollte, einem Versehgang an; folgte dem Pfarrer, dem Mesner, den Ministranten, wenn einem sterbenden kranken Münchner gerade die Wegzehrung gebracht wurde. Maximilian ging mit dem kleinen Zuge mit bis vor das Haus des Schwerkranken, und während der Priester eintrat, die heilige Ölung spendete und die Absolution erteilte, kniete der Kurfürst vor der Haustüre nieder und betete mit den Angehörigen den Rosenkranz.

Es gäbe unzählige Anekdoten der kgl. Bay. Leutseligkeit. Man denke nur an den einsamen Spaziergänger Ludwig I. Wie oft hat der König unterwegs in den Münchner Straßen und Gäßchen die einfachsten Leute angesprochen und mit ihnen dann oft gleich minutenlang geplaudert, ungeniert, als wäre er ein ganz gewöhnlicher Bürger. Man sah ihm den König in seinem abgetragenen Mantel ohnehin nicht an. Wie hat er besonders allen hübschen Mädchen nachgeblickt, ist ihnen auch nachgegangen und

hat sie, wenn sie wirklich bildhübsch waren und seinen idealen Vorstellungen griechisch-erhabener Frauenschönheit entsprachen, gebeten, sich doch für seine Schönheitengalerie von Stieler malen zu lassen.
Wie hartnäckig konnte er andererseits dieselbe Gunst der Tochter des Münchner Bürgermeisters Mittermayer verweigern. »Keine bevorzugte Bedeutung duldet die Schönheit der Frau, ihre eigene nur ist ihr Vorzug und Rang.« Die jahrelangen Versuche des Bürgermeisters, das Fannerl halt doch noch in die Schönheitsgalerie hineinzubringen und sie in den Rang einer »anerkannten Schönheit« zu erheben, stießen beim König auf höflichen Granit.
Und hat nicht Ludwigs Vater, der sprichwörtliche Vater Max, mit den Bauern und Bierbräuern auf dem Schrannenplatz gern Getreide gehandelt?
»Maxl, weilst nur wieder da bist!« soll mit tränenergriffener Stimme ein vermöglicher Münchner Bierbräuer ausgerufen haben, als Max Emanuel nach jahrelanger Verbannung, infolge der österreichischen Besatzung nach dem Spanischen Erbfolgekrieg, in München wieder einziehen konnte. »Weilst nur wieder da bist, jetz wird alls wieder guat.«
Und als Kaiser Karl VII. in Frankfurt gekrönt wurde und wegen der enormen Kosten dieser Feierlichkeiten in arge Geldverlegenheit geraten war und diese Verlegenheit auch dem Münchner Fuchsbräu, dem Besitzer einer gutgehenden Münchner Bauernwirtschaft und Boteneinkehr, zu Ohren kam, soll der Fuchsbräu sofort in die Residenz geeilt sein und eine größere Summe zu schicken sich bereit erklärt haben. Der Fuchsbräu hat nur gefragt: »Wie soll i's eahm schicka? Is's der Majestät lieber in Silber oder in Gold?« –
Welch ein großartiges Fest der Volksmusik und des Volksgesanges stellte nicht die bayerische Gebirgswanderung Maximilians II. und seiner Königin Marie dar? Die ganze Alpenkette erglühte von zahlreichen Bergfeuern. Die Senner und Sennerinnen, die Holzknecht' und Wild-

schützen, die Jäger und Förster, die Bauern und Schützenkompanien, die Musikanten, alle vom Allgäu bis ins Berchtesgadener Land waren auf den Füßen!
Und schreibt nicht Lorenz Westenrieder, der aufgeklärte bayerische Historiograph zwischen Rokoko und Biedermeier, daß die Augen eines bayerischen Bauern zu funkeln anfangen, wenn der Name eines Angehörigen des bayerischen Königshauses auch nur genannt wird? Wie da gleich patriotische Gefühle den Angehörigen der einfachen und gehobenen Stände ins Blut schössen, daß nicht mehr viel fehle und sie ergriffen sofort den nächsten Stutzen, um das liebe, schöne bayerische Vaterland zu verteidigen oder um wenigstens einen Ehrensalut auf dasselbe abzugeben! –
Wer kennt nicht die Geschichten um den Prinzregenten Luitpold? Die harmlos heiteren, die anrüchig heiklen vom »offenen Hosentürl«, das der greise Regent auf der Jagd zuzumachen vergessen hatte, und wie nun keiner der anwesenden Herren aus der Nobilität dieses dem Regenten zu sagen wagte, bis endlich der Jagerloisl sich an den Monarchen herangewagt hat. »Sodala, Kö'liche Hoheit, iatzada tean mar amal austreten! Dös muaß aar amal sein.« – Und nach einer Weile setzte er hinzu: »Und iatzada, Kö'liche Hoheit, mach mar allsamt unser Hosentürl zua!« – Eine harmlose Geschichte. Es gibt bedeutendere. Wie der Regent über sechzig Jahre lang jährlich für etliche Wochen ins Hintersteiner Tal zur Hirschjagd fährt, wie sie da oben am Sonntag geschwind eine Jagermesse lesen lassen, wie sie an heißen Abenden vor der Hütte sitzen und ihr Bier trinken, der Regent, etliche Minister und noble Freunde, aber auch gewöhnliche Jäger. Wie da einmal der Regent einem jungen Jäger wegen besonderer Tüchtigkeit zutrank und dieser dann ablehnend erwiderte: »Dank schön, Königliche Hoheit, i hab grad trunka.« –
Kein Angestellter würde auf den Bescheid eines Abteilungsleiters heute so zu reagieren wagen, wie jener einfache Jäger gegenüber dem Monarchen es getan hatte.

– Und doch war es nicht unhöflich gewesen, was der Jäger tat. Er wollte sich den Magen nicht verderben, er hatte eben schon getrunken. Auch ein Jagdhund läßt sich zum Trinken nicht zwingen. – Und so tun, als ob man tränke? – Das wäre schon Heuchelei und einem so geliebten Monarchen gegenüber nicht angebracht. Da bleibt man schon lieber bei der ungezwungenen Menschenfreundlichkeit!
»Dank schön, Königliche Hoheit, i hab grad trunka!« – Ein bayerischer Jäger liebt seinen König. Eine unvergeßliche Episode aus der Zeit der eineinhalbtausendjährigen bayerischen Monarchie. Die Episode birgt mehr gesellschaftliche Relevanz als manche Statistik.

Von der titulierten Würde des Menschen

Die Menschenwürde ist in einem Königreich besser garantiert als in einer Demokratie, denn der König in seiner Würde versinnbildlicht die Würde eines jeden Vaters im Volke. Und die Königin, all die Ehren und die Ehrfürchtigkeit, mit der sie umhegt wird, gelten jeder Frau und Mutter im Lande, die Königin wird zum Synonym der Frauenwürde. In jedem Sohne steckt ein Prinz; aber nur so lange, als man den Begriff »Königlicher Prinz« noch in lebendiger Erinnerung behält. In den Prinzessinnen gar lieben wir die ewig erheiternde Schönheit junger Mädchen. – Es gibt keine Würde ohne Repräsentanz, und sei es die Repräsentanz des Ecce Homo, des mitleiderregenden Schmerzensmannes.
Titulaturen sind nicht bloß ein Unfug, auch wenn sie wegen der allgemeinen menschlichen Unzulänglichkeit den Spott herausfordern. Es ist ein festlicher, gutmütiger Spott, Herr Sanitätsrat! – Titulaturen und Zeremonien sind echte Formen des Vorstellens und Herzeigens, sind wirkliche Seinsmöglichkeiten; und sie sind nicht nur

für ein gesundes Seelenleben notwendig, sondern auch für den Frieden in der Gesellschaft.

»Alle Macht den Räten!« – Nach der Revolution wollten nicht nur der Herr Medizinalrat, der Herr Kommerzienrat, der Herr Veterinärrat, der Herr Ökonomierat, der Herr Justizrat, der Herr Hofrat schlechthin – nein! – jetzt wollten sie alle sofort »Arbeiter-, Soldaten- und Bauernräte« sein.

Es gab keine untitulierten Räte früher, keine Funktionsräte, außer bei den Aufsichtsräten der bürgerlichen Kapitalgesellschaften. Selbst die Magistratsräte und die Herren Municipalräte der Königlichen Haupt- und Residenzstadt waren ihrer Herkunft nach noch mehr Titulaturräte als Funktionärsräte; waren doch ihre Vorfahren, die »Herren des Innern und Äußern Rates« der Städte noch privilegierte Standesherren, Patrizier, die Wappen und Siegel führen durften, auch wenn sie bürgerliche Weinwirte, Bierbräuer, Metzger oder Bäcker waren.

Das erste der Revolution also war die Okkupation der Ratstitulatur. Man errichtete gleich eine Räterepublik. Denn der Mensch braucht eine Titulatur. Und hat er selber keine, verleiht ihm sein Volksvertreter den Widerschein derselben. »Vorsitzender des Vorstandes des Aufsichtsrates«! Der Ratstitel »versachlicht« sich zu einem behördenähnlichen Amt, zu einem sogenannten »Organ«. Das republikanische Bürgertum funktionierte sachlich und organisierte seine wirtschaftliche Kaufmanns- und Unternehmerlust, sein Kapital, seine Macht, sein gewinnsüchtiges Krämertum beinahe ohne Titulaturen. In den glänzendsten Augenblicken dieser republikanischen Bourgeoisie vermochte ein Mann seinem nackten unbekannten Namen mit Hilfe eines wirtschaftlichen Imperiums den Glanz eines Fürstentitels zu verschaffen. Das waren dann die »Krupps«, die »Thyssen«, die »Rockefellers«, die »Smiths«, die »Meyers«, die »Fords« und die »Millers«. Sie schmückten sich weder mit akademischen noch mit gekauften diplomatischen Titeln, aber sie zählten die

Abfolge ihrer Geschlechter wie die Könige und Kaiser: »Henry Ford II.«, »Tom Smith III.« und so weiter.
Bald genügte die Selbstinduktion des Ansehens den oft zahlreichen Nachkommen nicht mehr, und sie strebten nach politischen Ämtern, die sie nun anfingen mit Titulaturen zu verwechseln. So kamen immer zahlreichere Mandatsträger in die Parlamente und Ratshäuser der Republiken, um doch nur eine Würde zu suchen und nicht eine Bürde zu übernehmen. Man war verwerflicherweise und auf krummen Wegen wieder im Barock angelangt, hatte allerdings keine Hierarchie mehr und keine öffentliche Ordnung des Glanzes und des Glänzens. Einfluß und Geld sind mit den neuen republikanischen Würden ohnehin eng verbunden, während es in Monarchien zahllose Titel ohne Mittel gibt und gegeben hat. »Titel ohne Mittel« aber glänzen mehr als »Würden ohne Bürden« und gelten auch als um eine Nuance ehrenhafter.
Allein am Münchner Hofe gab es gegen Ende des 18. Jahrhunderts bei einer Gesamteinwohnerschaft von ungefähr 30 000 Menschen mindestens sechstausend titulierte Herren und Damen. Darunter finden wir: Hoflieferanten in allen Handwerken, Hofagenten und Hofmechaniker, Ehrendamen und Beschließerinnen, Vorleserinnen und Schlüsseldamen, wirkliche und titulierte Beichtväter, titulierte geheime Räte und wirkliche geheime Räte, Offiziere en suite, ja sogar titulierte Admirale und Großadmirale, obschon Bayern immer ein Binnenstaat gewesen ist und man bestenfalls mit Stromplätten und Prunkruderschiffen auf den friedlichen Seen aufwarten konnte.
Ein Kgl. Bay. Hoflieferant hatte für die Ausstellung der Urkunde an den Kgl. Hofstab eine noch gar nicht einmal so unbedeutende Gebühr zu entrichten. Anno 1880 z. B. bezahlte ein Hutmacher für den Hoftitel per Postanweisung bare 87 Mark. Die von der Bureaukratie des Kgl. Hofstabes angestellten Recherchen bei der Polizei und beim Magistrat, auch beim Kgl. Bezirksamtmann, nach dem Leumund des um die Hoftitulatur nachsuchen-

den Bittstellers verursachten dem ohnehin vorhandenen Hofstab, zusammen mit der Ausstellung und Auslieferung der Urkunde und der Veröffentlichung in der Kgl. Bay. Staatszeitung, keine fünf Mark. Dann war es endlich soweit: Man konnte sich ein neues Firmenschild anfertigen lassen: »Franz Seraph Zitzelsperger, Hutmacher, Kgl. Bay. Hoflieferant. Nun hieß es: »Guten Morgen, Herr Hoflieferant.« – Die ehrengeachtete Nachbarschaft erblaßte vor Neid, und die eigene Köchin setzte sich während der sonntäglichen Tanzveranstaltungen im Münchner-Kindl-Keller nicht mehr an den Tisch gewöhnlicher Hausangestellter.

Ein Geschlecht, das gestern noch solchen Auswüchsen huldigte, wollte morgen mit der nackten Menschenwürde sich begnügen?

»Alle Macht den Räten!« Sofort gab es wieder Ausweise und Dokumente, die Privilegien testierten, die Kraftwagen vorfahren ließen und zu beschlagnahmten Hotels und Adelspalästen Zutritt verschafften, zu Ministerien und Gremien und Kongressen, zu Flugzeugen und Delegationen. »Sämtliche Adelstitel und Privilegien sind ab sofort abgeschafft!« – Obgleich der Aufwand staatlicher Repräsentanz erheblich zugenommen hat, fehlt den Republiken die festliche Weihe, es fehlt dem Thron der Altar.

Die spezielle Würde und Weihe, die von einem König ausgeht, auch wenn er nur ein konstitutioneller Monarch ist, verbirgt sich in der Kraft des Symbols der omnipotenten Väterlichkeit, eines nachsichtigen Patriarchates – bei einer Königin eines sorgenden Matriarchates.

In Monarchien gibt es viele Augenblicke im Leben eines Menschen, in denen er sich im Staate geborgen fühlen mag und kann wie im Schoße einer mehr oder minder glücklich intakten Familie. Dann kleiden sich die Väter wie der »Vater«, die Söhne wie die Prinzen und so weiter. Von der Majestät gehen alle Titulaturen aus, alle Auszeichnungen, die gesamte Würde des Menschen. – Und garantieren Könige nicht nur symbolisch auch eher

die stets gefährdete Menschenwürde stärker als die Republiken der Bankleute oder der Räte?
So haben auch Titulaturen eine Daseinsberechtigung – trotz der gefährlichen, weil manchmal maßlosen, menschlichen Eitelkeit. Nur selten gibt es hochdekorierte »bescheidene« Persönlichkeiten. Aber sie leben und haben gelebt – wenigstens manche Stunden ihres Lebens: ausgezeichnet und bescheiden; denn der Mensch ist launisch wie das Wetter.
Königliche Titel und Orden, Paradeuniformen und Ehrungen vermehren die Würde des Menschen nicht, aber sie zeichnen sie aus, sie machen sie zu einer bedeutenden Sache im Leben der Gesellschaft.
Leider haben oft die größten Schufte die höchsten Orden bekommen. Dekorierte Brüste eignen sich nämlich trefflicher zur Tarnung als der sprichwörtliche Schafspelz.
In einem Königreich leben auch boshafte, eifersüchtige, versoffene, faule, leichtsinnige und undankbare, dumme Menschen, ja sogar ein König kann einen schlechten Charakter haben. Aber er darf es halt doch nie übertreiben, denn der Kronprinz wird wieder König sein in seinem Volke, wie es der Vater und Großvater gewesen war. Die schlechten Charaktereigenschaften im Hause Wittelsbach sind seit Jahrhunderten wohlbekannt. Man ist vertraut mit seinem Königshaus, man hat Erfahrungen, man kennt die Geschichte. Dieses Vertrautsein mit der Spitze der Repräsentanz seines Volkes strahlt eine wohltuende, tröstende Kontinuität aus über alle und alles, selbst über das Wetter.
Und einen Herzkönig brauchen wir im Wandel des angsterfüllten Daseins, in Bayern gleich gar, denn mit dem Herzkönig stechen wir alles. Er ist der höchste Trumpf und heißt »der Max«. Damit hat man den König Max gemeint, den Vater Max. Neben Ludwig I. der beliebteste bayerische Königsname. Ludwig und Max, wenn sie abwechselnd so getauft werden, unsere Kronprinzen, dann ist es niemals gefehlt.
Ein jeder Ludwig und ein jeder Max ist noch ein Men-

schenfreund gewesen und hat auf die Würde seiner bayerischen Untertanen geschaut, auch wenn er schwermütig geworden ist dabei wie der Märchenludwig. Ludwig und Max und dazwischen manchmal einen Luitpold und Otto, einen Albrecht oder einen Franzl. Aber dann muß unbedingt wieder ein Ludwig oder ein Maximilian kommen, denn der Maximilian, heißt es, der frißt die ganze Milli z'samm. –

Ausgschafft seid's! Mir habn an Max! –

Thron und Altar und Lokomotiven

Seine Heiligkeit der Papst fliegt mit dem Flugzeug. Ein Elektromotor funktioniert auch im Fürstentum Liechtenstein, die Technik bedarf nicht unbedingt der Republik. Eines der größten technisch-königlich-kaiserlichen Feste feierte man im alten Münchner Hauptbahnhof Anno 1860 am 12. August.

Als in diesem Jahr der Anschluß der bayerischen Eisenbahnlinien an die österreichische »Kaiserin-Elisabeth-Bahn« gefeiert werden konnte, war das ein erster unsagbar glänzender und feierlicher Höhepunkt des technischen Jahrhunderts überhaupt.

Es war ein barockes Fest, ein königlich-bayerisches und österreichisch-ungarisches zugleich. Es war ein heißer Augusttag, dieser 12. August Anno 1860. Die Glocken aller Münchner Kirchen läuteten eine volle Stunde lang. In den großen Galakutschen, voraus eine Eskadron der berittenen Ehrenwache, fuhr der Hof von der Residenz zum Bahnhofe; zu jenem alten Bürkleinschen Bahnhofsgebäude, dessen Schalterhalle aussah wie eine Basilika und in dessen riesigem Bierkeller, den die Münchner Hades nannten, die Kgl. Bay. Lokführer, Heizer und Wagenbremser, die Herren Offizianten und Expeditoren, die Kgl. Kondukteure und Kontrolleure ihre Maßen tranken. In der Zughalle wölbte sich in den weißblauen Farben das rundliche und hölzerne Bohlengewölbe des berühmten Zimmermeisters Michael Reiffenstuel. Sogar Seine Majestät König Ludwig I. war entzückt von diesem Bahnhofsgebäude. Die Fresken in der Schalterhalle fehlten nicht. Und des Königs Baumeister Friedrich von Bürklein brachte in diesen Profanbau der neuen Welt auch genügend Biersäle und Restaurationen unter. Professor Perkin lieferte eine moderne Heißwasserheizung. Dieser Münchner Bahnhof war eine respektable Visitenkarte für die Kgl. Haupt- und Residenzstadt. Wenngleich die Münchner auch diesmal schimpften. Und das sogar – wie uns ausdrücklich überliefert wird – gerade wegen der Biersäle und Restaurants.

»Eine schöne Zweckmäßigkeit, hast ghört! Dieser Luxus für dös bisserl Eisenbahn! Die tun ja, als ob die Gasterei wichtiger wär wie das Fahrn!«

An jenem 12. August Anno 1860 aber spürte jedermann die Erhabenheit des Augenblickes. Der Kgl. Empfangssalon im Bahnhofsgebäude erlebte eine turbulente Aufregung. Hier würden die Majestäten sich zunächst aufhalten, ehvor man die große festlich hergerichtete Zughalle betreten würde.

In dieser Abfahrtshalle standen fünf nagelneue Lokomotiven unter Dampf, geschmückt mit Girlanden. Und vorne, auf den stählernen Brüsten dieser Stahlrösser, waren die Namenszüge Ihrer Majestäten angebracht worden: Ein geschwungenes E und M, Elisabeth und Maximilian. Bayern und Österreich-Ungarn hielten sich umschlungen. Die Kgl. und die K. u. K. Lokomotivführer, Heizer, Kondukteure und Kontrolleure standen in ihren neuen Galauniformen bereit. Man würde nach dem feierlichen Gottesdienste gleich von München nach Wien dampfen. Der Präsentiermarsch erklang, die Hartschiere nahmen Aufstellung, die Majestäten schritten zur Halle herein und begaben sich unter den errichteten Thronbaldachin: König Maximilian und Königin Marie, Kaiser Franz Joseph und Kaiserin Elisabeth. Die Paladine des Reiches waren alle anwesend, dazu Österreichs Gesandte und die bayerischen Eltern der Kaiserin.

Der Münchner Erzbischof, assistiert von seinen Domherrn, streckte die Arme aus und stimmte das »Adjutorium nostrum in nomine Domini« an. Er segnete jedes einzelne Dampfroß gründlich und besprengte es mit Weihwasser. Vorher wurde am eigens in der Halle errichteten Altar ein Pontifikalamt gesungen. Alsdann krachten Salutschüsse, Kommandos erschallten, die Kgl. Eisenbahnoffiziale schellten und gaben den Kaiserlich und Königlichen Lokomotivführern das Zeichen zur Abfahrt. – Die Offiziere und Eisenbahnräte grüßten militärisch, die Herren Minister und Paladine der Monarchen blickten feierlich ernst drein, und die Majestäten nickten freundlich und huldvoll.

Anschließend gab es ein Festessen im Glaspalast, und abends war Galavorstellung im Kgl. Hoftheater. Auch der Münchner Magistrat feierte ein Fest im Rathaussaale. Es gab ein Feuerwerk, und in vielen großen Sälen der Stadt traf man sich zu Bällen.

Das waren halt noch Staatsfeste gewesen! Königliche Feste eben. Auch eine charmante Technik noch! Menschlich halt, ja fühlbar königlich bis zum letzten Wagenbremser. Die Kgl. Bay. Eisenbahner hatten eine Gala- und eine Interimsuniform.

Die silbernen Epauletten glänzten, die Degengehänge in Weiß oder Blau, oft auch in Weiß und Blau, blitzten, der Herr Expeditor schellte, der Kondukteur pfiff, die Lokomotive pfiff und pfauchte. Auf den Mützenemblemen und an den Knöpfen aller aber leuchtete der Namenszug des Königs, das L oder das M, schwungvoll und konstitutionell, und darüber prunkte die bayerische Königskrone.

Es war auch vorgeschrieben, daß bei eintretender Hoftrauer alle Eisenbahnbeamten im gesamten Königreich rechts und links des Rheines zu ihrer Galauniform nicht dürfen die obligaten weißen Handschuhe tragen, sondern schwarze.

Der Kgl. Bay. Expeditor in Laberwainting gerade so wie der Herr Inspektor in Speyer oder Würzburg! Hoftrauer war Hoftrauer. Selbst die Expeditoren zweiter Klasse waren noch galauniformpflichtig. Ein Kgl. Bay. Eisenbahnhilfsbediensteter bei der Güterabfertigung war leider nicht mehr galauniformpflichtig. Aber einige der Kgl. Wagenbremser waren es wieder.

Vor dem Ersten Weltkrieg hat es einmal sehr oft Hoftrauer gegeben in Bayern. Es verstarben damals etliche ältere Prinzessinnen, Prinzen und auch der junge Erbprinz; dazu sind bei nahen Verwandten in Österreich-Ungarn und in anderen Erzhäusern, die dem Hause Bayern sehr eng verbunden waren, allerhöchste Todesfälle vorgekommen, so daß der Herr Expeditor zweiter Klasse Benedikt Oberndorfer, Bahnhofsvorstand in Ampfing, seine schwarzen Galahandschuhe verschlissen hatte. Die Frau Expeditor hat die Trauerhandschuhe noch in ihrem Flickkörberl gehabt, als bereits eine neue Hoftrauer durchtelegraphiert worden ist. Das war eine Aufregung! Denn auf eine korrekt gekleidete Beamtenschaft, ganz gleich ob in Gala, in Trauer oder in der Interimsuniform, hat man früher bei der Kgl. Bay. Eisenbahn besonders geschaut.

Wie eng zu Beginn des technischen Zeitalters Königtum und Fortschritt verbunden waren, beweist, in Bayern zumindest, die Tatsache, daß die gesamte oberste Bahnverwaltung dem Königlichen Ministerium des Kgl. Hauses und des Äußeren unterstand. Einen eigenen Eisenbahnminister hat es erst mit dem Beginn des neuen Jahrhunderts gegeben.

Die Technik schlechthin, die Anwendung der Erfindungen im vergangenen Jahrhundert und früher wurden zu einem nicht geringen Teile von den Monarchen begünstigt. Die Erfinder selbst wußten das und erstrebten mit ihren Apparaten eine Audienz in der Residenz. Tagereisenweit kamen sie nach München. König Max I. zum Beispiel trieb die Erfindung eines Buchstabentelegraphen während der Napoleonischen Kriege voran. Denn für sein diplomatisches Verhalten, so sagte er, wäre es äußerst kommod zu wissen, was gestern in

Paris oder vorgestern in Wien verhandelt worden ist. Ludwig I., der glänzende Universalmonarch, war ohnehin ein Hauptförderer der Eisenbahn. Max II. umgab sich unermüdlich mit Wissenschaftlern und Kapazitäten. Was wäre die Chemie ohne diesen bayerischen König?

Man kann zwar aus dieser Zeit anführen, daß der Erfinder der Dynamomaschine, Herr Siemens, ein Berliner, ein Preuße gewesen sei. Aber der Mann des Widerstandes der elektrischen Energie, der Physiker Ohm, war ein Bayer. Röntgen dozierte und forschte in Würzburg und in München.

Das Königreich Bayern kann auch mit anderen, bedeutenden Erfindern und weltbekannten Forschern aufwarten.

Da ist zuvörderst zu nennen der berühmte kurbairische Hofmechanikus Gallmaier, gebürtiger Bauernsohn von Haidhausen bei München, in seinem Hauptberufe ein Weinwirt. Er erfindet, zusammen mit seinem allerhöchsten Herrn, einen Hund, der bellen, und einen, der sogar Wasser abschlagen konnte. Man bastelte eine Rokokopuppe, die zu tanzen, eine, die Geige zu spielen vermochte. Dergleichen Erfindungen brachten natürlich die Menschheit technisch kaum voran. Aber schon etliche Jahre später lebte in München ein Mann, den der Kurfürst für seine genialen Forschungen und Erfindungen sogar in den Grafenstand erhob: Benjamin Thompson, Graf von Rumford. Von Haus aus ein armer amerikanischer Landschullehrer, wurde er als Graf Rumford der Gestalter des Englischen Gartens in München. Er war ein begabter Physiker und Chemiker. Er dachte im schwarzen München über das Licht nach und gilt in der Physik als ein bedeutender Thermiker.

Was wäre die Welt ohnen einen Josef von Utzschneider und ohne Alois Senefelder? Was ohne die berühmten Optiker und Fotografen Reichenbach und Josef Fraunhofer? Ohne Fraunhofer wäre eine Weltraumfahrt niemals möglich geworden. Und wer hat diesen Buben buchstäblich aus den Trümmern eines eingestürzten Münchner

Hauses hervorgeholt? – Der König von Bayern – Reden wir nicht von Kapazitäten wie Carl August von Steinheil oder von dem Lokomotivenbauer Josef Anton von Maffei oder Christian Rheitmann, dergleichen Größen hatte man auch in Frankreich oder England oder Preußen. Aber wo trat die Chemie ihren welterobernden Siegeszug an? Buchstäblich und wörtlich am Münchner Königshof, an der Königlichen Hoftafel sogar, in den berühmten Symposien König Maximilians II. Hier war Justus von Liebig ein gern gesehener Gast, hier ließ Seine Majestät immer für den Professor der Chemie eine große Tafel bereitstellen und etwas Kreide dazu, damit Liebig den erlauchten Tischgenossen jederzeit eine chemische Formel anschreiben konnte. Einmal fehlte die Kreide, und der König erregte sich darüber.

Das war eine königliche Aufmerksamkeit. Justus von Liebig war es denn auch, der die Kultur am Seifenverbrauch einer Nation maß. – Der berühmte Hygieniker Max Pettenkofer, der Organisator der Kanalisation, der erste große Mahner für die Gesundheit des Menschen, Kämpfer gegen den Alkoholmißbrauch und Erfinder des Pettenkoferschen Quantums von nicht mehr als zwei Maß Bier am Tag. Damen nur die Hälfte. Er sammelte auch – zur Abschreckung – anatomische Abnormitäten an den Münchner Bierfahrerherzen, die vielberühmten Pettenkoferschen Bierherzen. Er wurde ein zweiter Hypokaust und entwarf Dampfheizungen, die Hunderte, ja Tausende von Öfen einsparten.

Weltruhm erlangte Münchens kgl. Technik mit Oskar von Miller, Sohn des Königlichen Erzgießers Ferdinand von Miller, der die Bavaria gegossen hat und hundert andere berühmte Denkmale nach dem Willen seines Königs Ludwig I. Dieser Oskar von Miller brachte die erste Übertragung elektrischer Energie über größere Distanzen zustande, er baute die erste Überlandleitung im Jahre 1882, anläßlich der von ihm initiierten elektrischen Ausstellung im Glaspalast. Der Strom wurde in Miesbach erzeugt und beleuchtete in München die Arcis-

straße, betrieb im Glaspalast einen Motor und andere elektrische Apparate. Das waren 57 km Distanz. Oskar von Miller wäre allein durch diese Tat weltberühmt geworden, er hätte das Deutsche Museum in München gar nicht mehr zu gründen brauchen, zu dessen Grundsteinlegung der deutsche Kaiser Wilhelm II. nach München kam und neben Seiner Kgl. Hoheit, dem greisen Herrn Prinzregenten, im Galawagen saß und durch die jubelnde Stadt von der Residenz zur Isarinsel fuhr. Es war dies vielleicht die augenfälligste Demonstration der freudigen und erfolgreichen Verbundenheit von Technik und Monarchie.
Die europäischen Monarchien haben das Zeitalter der Technik wesentlich mitgestaltet. Monarchen waren mit dieser Technik eng verbunden. Das kapitalistische Bürgertum hat die Systeme der Technik freilich noch kräftiger installieren helfen. Damals wurden die Weichen gestellt. Und die unserer technischen Zeit immanenten Gesetze und uferlosen Ziele, der ewige Fortschritt, der Zuwachs, die Leistung, die vereinfachende Weiterentwicklung sogar und die in Kauf genommene Neugestaltung der Umwelt und der Gesellschaft, sie sind alle im 19. Jahrhundert, im Jahrhundert des Bürgertums und der konstitutionellen Monarchien herangewachsen.
Heute verbündet sich jede Regierung, selten das Staatsoberhaupt, mit dem technischen Fortschritt. Die zuständigen Minister eröffnen Ausstellungen und schalten Neuanlagen ein, übergeben Autobahnen dem Verkehr und finanzieren alles.
Man vergleiche die sachliche Nüchternheit solcher Staatsakte mit der solennen Festlichkeit, die das Fresko der Grundsteinlegung im Deutschen Museum ausstrahlt. Der Hof, die Nobilität, Kaiser und Prinzregent, die Honoratioren mit Damen und sogar die Töchter Oskar von Millers fehlen nicht. Eine Zeremonie seltenen Prunkes und dennoch königlich-bayerisch-leger und -familiär zugleich. –
Es summen die Ventilatoren vornehmer in Monarchien,

und festlicher rattert das Band mit den werdenden Wagen, die goldene Kronen über weißblauen Rauten tragen! – In der Technik ist mehr Traum als in alten Märchen. Die Sehnsucht der Technokraten greift nach den Sternen. – Nur Könige passen zu Ingenieuren, nur Prinzessinnen kennen das innerste Geheimnis der täglich gesponnenen tausend Tonnen PVC. – Retorte und Sense! Es lebe die Kgl. Bay. Chemie!

Und haben unsere bayerischen Monarchen nicht schon gleich von Anfang an neben der Begeisterung die nötige Skepsis und Vorsicht mitgebracht?

»... überall und nirgends daheim, streift über die Erde unstät, so wie der Dampf, unstät das Menschengeschlecht ... das Ziel lieget dem Blicke verhüllt ...« Hat mit diesen prophetischen Versen nicht unser großer König Ludwig I. bereits das Programm einem Kgl. Bay. Umweltschutzministerium einhundertvierzig Jahre vorausgeliefert?

Das »unstäte Menschengeschlecht« würde nämlich neben dem Nutzen auch den Nachteil der Technik auf sich laden. Ludwig I. hat das vorausgesehen. Und sein Sohn, der Prinzregent Luitpold, hat sehr energisch zu unterscheiden gewußt zwischen Segen und Fluch der Erfindungen. Auch privat. Ungern nahm der Regent in seinem Automobil Platz. Er blieb bei der Kutsche. Und welch eine Sensation: An einem heißen Julitag stieß sein Pferdewagen mit einer Trambahn zusammen. Der Kgl. Hofwagen fiel um. Der Regent war aber gottlob nicht verletzt, auch den hübschen Schimmeln ist nichts passiert. Nur der Leibkutscher und der Straßenbahnfahrer sind aneinandergeraten und haben sich ordentlich abgeschimpft, was den Regenten aber eher erheitert hat, denn die Municipalstraßenbahn seiner Kgl. Haupt- und Residenzstadt war ja auch eine Art königliches Fahrzeug.

Ludwig II. ließ sich eines der ersten Elektrizitätswerke in Linderhof erbauen, in der Lohengringrotte – für die magische Beleuchtung. Und das Außergewöhnliche, das ganz und gar Große und Schöne und Erhabene in der romantischen Verschmelzung von Königtum und Elektri-

zität, das zeigt im Kgl. Bay. Marstallmuseum zu Nymphenburg heute noch der Prunk- oder Amourettenschlitten unseres Märchenkönigs! –
Welch eine Pracht! – Die von Syrius Eberle üppig geschnitzten Rokokoputten, die Amouretten, tummeln sich an den aufsteigenden Schlittenkufen empor bis zur Krone. Sie spielen mit Girlanden und Emblemen und zeigen heiter ihre guternährten Engleinpopos. Und sie umschweben auch etliche Laternen. Goldene Laternen natürlich an diesem Prachtkönigsschlitten! Goldene Laternen, die aber hell leuchten konnten, denn sie wurden von einer unter dem Sitze verborgenen elektrischen Batterie gespeist. Die goldbestickten Polster im Schlittenkorb des Monarchen strahlen weiß und blau, und auf den Außenwänden prunken kostbare Malereien, griechische Göttinnen, scherzend Amor und Psyche. Hinten aber glänzt farbenfroh das Kgl. Bay. Wappen. –
Eine unvorstellbare Herrlichkeit, wenn Seine Majestät plötzlich nachts in Schloß Linderhof den Amourettenschlitten hat anspannen lassen und mit sechs feurigen Schimmeln dann über den gefährlichen Jägersteig nach Neuschwanstein lautlos über keuschen Hochgebirgsschnee hinübereilte. Voraus ein Kgl. Vorreiter mit brennender Fackel, dahinter in seinem hellerleuchteten Traumschlitten Seine Majestät, der König von Bayern. – Kein anderer Fürst der Welt hatte einen so kostbaren Traumschlitten, der obendrein mit der modernsten Energiequelle ausgestattet war, mit der Elektrizität.
Diese Elektrizität hat ihre erste Nützlichkeit ohnehin auf dem Theater zu erbringen gehabt. Und sie hat es über die Maßen wirkungsvoll getan, sie hat die Bühne heller, magischer, sicherer gemacht. Und die Schauspielhäuser waren häufig Königliche Theater.
Der Prinzregent liebte das elektrische Licht allerdings in der Wohnung weniger. Er bevorzugte Kerzenschein, besonders im Schlafgemach. Als man in der Residenz das Elektrische einrichtete und die gefährliche Gewohnheit des Regenten bedachte, mit seiner weltberühmten

Prinzregentenzigarre ins Bett zu gehen und daran schmauchend auch einzuschlafen – der diensthabende Kammerdiener mußte dem schlafenden Regenten die Zigarre dann aus dem Mund nehmen und ausmachen und in den Aschenbecher auf dem Nachtkästchen legen –, da ließ man, besonders die sorgende Prinzessin Therese soll sich dafür ausgesprochen haben, auf dem Nachtkästchen eine elektrische Nachttischlampe installieren. Jetzt brauchte der greise Regent bei nächtlichem Erwachen nicht erst im Dunkeln nach den Streichhölzern zu tappen und die Kerze anzuzünden, jetzt konnte er durch einen Knopfdruck die Nachttischlampe erhellen. – Dem Regenten aber gefiel die elektrische Lampe in seinem Schlafzimmer nicht. Auch nicht, als man sie ihm schmackhaft machen wollte, indem man dieselbe mit Hirschgeweihen verzierte und tarnte als eine Jagdtrophäe, denn er war ja der leidenschaftlichste Jäger, den es je unter den Wittelsbachern gegeben hatte. Auch das Hirschgeweihlaterndl gefiel ihm nicht. Er ließ es entfernen, er verbannte die elektrische Energie wieder gänzlich aus seinem Schlafzimmer und behalf sich nachts bei allerhöchstem Erwachen lieber mit dem Herumtappen im Finstern nach dem Streichholz. Er soll die Verbannung der Elektrizität aus dem Schlafzimmer in diese Worte gekleidet haben: »Na, meine Herrn, in der Schlafkammer da brauch i koan Fortschritt, da ist mir die alte Zeit lieber.«
Er war neben Kaiser Franz Joseph I. von Österreich-Ungarn, dessen Cousin er ja gewesen, der letzte Grandseigneur und Menschenfreund unter den Monarchen Europas. – Und recht hat er gehabt, vorausahnend recht mit der Verbannung der Elektrizität aus dem Schlafzimmer. In der Stille der Nacht schläft der Mensch am besten. Welch eine psychoanalytische Symbolik dieser Hinauswurf des technischen Fortschritts aus der intimsten Stube des Menschen!
Auf der anderen Seite war man als bayerischer Herrscher natürlich den vorwärtsstürmenden Zeitläuften ausgesetzt wie jeder Mensch. Auch Könige sind Kinder

ihrer Zeit. Durch das Charisma ihrer Krönung jedoch und durch die Kraft des Sinnbildes, des Ursymbols, sind sie noch mehr: Mit heimlichen und geheimnisvollen Kräften ist die Krone begabt.
Die erste zivile Luftfahrtgesellschaft der Welt war die Kgl. Bay. Ilag, die Kgl. Bay. Internationale Luftfahrtaktiengesellschaft. Sie wurde unter König Ludwig III. noch vor Ausbruch des Ersten Weltkrieges gegründet, konnte ihren Flugdienst aber erst 1917 teilweise und nach dem Weltkrieg in kleinem Umfange aufnehmen. Die Ilag flog zum Beispiel wöchentlich zweimal von München nach Bad Reichenhall und dann gar bis Nürnberg und Dresden, bis nach Berlin. Mit der Ilag flog der bayerische Ministerpräsident zur feierlichen Eröffnung der Bauten am Walchenseekraftwerk nach Kochel. Es war dies die erste Flugreise eines Staatsmannes überhaupt, die mit einem Flugzeug einer Zivilfluggesellschaft vorgenommen wurde. »Gott mit dir, du Land der Bayern, unterm Himmel weiß und blau!« –
In dem schwindelerregendem Tempo der technischen Zukunft wäre das konservative Beharrungsvermögen, das ein König dem Bayernvolke mittels uralter und glänzender Zeremonien und auch mittels sinnbildhafter Seelenwirklichkeit geben könnte, eine Wohltat, ein bißchen beschauliche und romantische Gemütlichkeit. Dann könnte es endlich heißen – bei Eröffnungen und Einweihungen in Anwesenheit des Kgl. Hofes – »Es lebe der Fortschritt, es lebe der König!« – Im Rückschritt vorwärts, marsch!

Die Kgl. Bay. Gemütlichkeit der Zukunft

Täglich von 19.50 bis 19.59 sendet das Kgl. Bay. Fernsehen die Hofnachrichten. Das Kgl. Bay. Wappen erscheint auf dem Bildschirm, dann der Königsbau der Residenz, die Hartschiere im Thronsaal, der Thron.

Als kurze musikalische Untermalung erklingt ein alter bayerischer Ordonnanzmarsch von dem Kgl. Bay. Militärkapellmeister Peter Streck, am besten der General-Deroy-Marsch. Das höfische Ereignis des Tages wird in einem kurzen Filmbericht geschildert. Etwa so: »Ihre Kgl. Hoheit die Prinzessin Therese empfing heute stellvertretend für die Königin in der Tanzteestunde der Monarchin im kleinen Thronsaal der Königin die erfolgreichsten Absolventen der diesjährigen Meisterprüfungen. Aus allen sieben Handwerkskammern der bayerischen Regierungsbezirke kamen die Gäste in die Kgl. Residenz. Der Hofmeister Ihrer Hoheit, Maxl Schmidt, führte die jungen Leute in den kleinen Thronsaal. Jeder Regierungsbezirk entsandte die drei besten neugebackenen Handwerksmeister. Unter den Maurern und Autoschlossern empfing Ihre Kgl. Hoheit heuer auch noch eine Schneiderin und zwei Friseurmeisterinnen – und zur Ehre des bayerischen Bieres auch einen Braumeister aus Oberfranken. Nach alter Tradition gab es nur Tee und Kekse – und ein Gläschen Klosterlikör. Nach der Überreichung der goldenen Meistermedaille spielte eine Kapelle zum Tanz auf. Die Gattinnen der hochqualifizierten Handwerker beherrschten durchwegs in anmutiger Vollkommenheit den Hofknicks. Prinzessin Therese trug ein bezauberndes Dirndlgwand. Die Herren Handwerkskammerpräsidenten dankten unserer jungen Königstochter und überreichten ihr Blumensträuße ...«
Es folgen etliche weniger bedeutende Hofnachrichten. Die Hofstabsintendanz gäbe zum Beispiel bekannt, daß Seine Majestät der König dem Autoreparaturwerkstätteninhaber Michael Wörndl wegen seines hervorragenden Kundendienstes die Titulatur eines Hoflieferanten zu verleihen geruht haben.
Auch hätte der Monarch den Rundfunksprecher und Schauspieler Gustl Schwarzhäuptl wegen humorvoller Schlitzohrigkeit im Timbre seiner Stimme zum Kgl. Bay. Hofschauspieler ernannt. Und der Parlamentspräsident Huber sei wegen langjähriger, allzeit flotter Moderation

vorgesehen, außer der Reihe in den Adelsstand erhoben zu werden. Man wisse jedoch noch nicht, ob der Präsident zum Edlen oder zum Ritter erhoben werden wird. Unsere Reporterin unterhielt sich darüber mit Herrn Dr. Sebastian Radlkofer, dem zweiten Kabinettssekretär Seine Majestät.

Zum Abschluß der Hofnachrichten zeigt uns noch der Kgl. Unterleibjäger Loisl aus Berchtesgaden den kapitalen Hirsch, den Seine Majestät gestern erlegt haben.

»Ein sauberer Schuß«, meint der Lois anschließend, »der Prinzregent selig hättn net besser treffn kinna!« –

Während noch für etliche zehn Sekunden das Krönungsbild Seiner Majestät zu sehen ist, erklingt dazu der Präsentiermarsch.

Viele Bayern sehen sich daraufhin nur noch die Wetterkarte und einen Krimi oder ein Volksstück an. Die Hofnachrichten erscheinen ihnen als die friedvollste politische Tagesschau. Europanachrichten hört man sich freilich ganz gern gelegentlich an, denn diese klingen nicht weniger aufregend. Was die vier Minister der europäischen Regierung in Paris zusammen mit ihrem Ministerpräsidenten wieder für Weltkonferenzen besuchen mußten ist ohnehin nicht besonders interessant. Man kennt die Namen der Europaminister kaum, höchstens den Präsidenten und den Kriegsminister und die paar Abgeordneten seines Königreiches. Die Vielfalt der europäischen Provinzen unter einem Dache verkümmert nicht, trotz der gemeinsamen Weltpolitik, der vereinigten Finanz- und Wirtschaftspolitik und der respektablen brüderlichen und gänzlich geeinigten Militärverwaltung.

Paris ist die Hauptstadt dieses friedlichen Europas, die Trikolore ist seine Flagge und die Marseillaise seine Hymne. – Der Streit um Europa hat so lange gedauert – und wurde unter den fadenscheinigsten Argumenten angeblicher finanz- und wirtschaftspolitischer Differenzen geführt –, bis man Anno 99 sich endlich auf die heiligen

Embleme der großen französischen Nation hat einigen können.

Keine andere Stadt Europas läge so gut zwischen Rom und London, Moskau, Berlin, Warschau, München, Wien und Lissabon wie gerade Paris. Keine andere Nation Europas hat überhaupt über so viele Jahrhunderte hindurch eine vergleichbare Haupt- und Residenzstadt besessen wie Frankreich in Paris.

Alle Kaiser-, Königs- und Fürstenhöfe Europas empfingen von Paris aus ihre Form und ihre Noblesse, ihre Sprache und ihre Literatur, ihre Kleidung und ihre Galanterie, ihre Salons und ihre Parfüms, ihre Diplomatie und ihren Rang. – Auch ging von diesem weltlichen Paris, in dem der allerchristlichste König residierte, das Feuer der Französischen Revolution aus, deren geistige Ausstrahlung schon Jahrzehnte vorher die Welt mit einer brennenden Helle hat erbeben lassen. In Paris nahmen der Konstitutionalismus des Grafen Mirabeau und das Jakobinertum ihren zunächst ungleichen Anfang. Ja, Sozialismus und Kommunismus wurden in dieser Weltenmetropole ausgebrütet und erprobt. Hier erhoben sich die beiden napoleonischen Kaiserreiche, hier brillierten technischer Fortschritt und allzeit brisante Spiritualität. Hier glühte das milde Feuer der Impressionen um das Heilige Herz. Paris ist die politische Hauptstadt dieses abendländischen Kontinents, denn Rom ist der Sitz des Stellvertreters Christi auf Erden.

Und wenn schon Paris, dann unbedingt auch das hehre Banner der Freiheit, der Gleichheit, der Brüderlichkeit! Diese Flagge enthält alle Farben, die in Europa jemals wichtig waren. Und diese Fahne ist blutiger vermischt mit dem Blut der anderen Flaggen. Blau und weiß und rot! – Friedlich, glücklich und erfahren. – Jede Nation Europas hat schon einmal zu dieser Fahne ehrerbietig emporgeschaut. – Ein Europa ohne Trikolore, ein vielgestaltiges Europa der hundert selbständigen Provinzen ohne Tradition und heilige Flagge wäre eine bürokratische Verwaltungsgesellschaft. Ohne heiliges Symbol

fehlt die Kraft der Meditation, zerbräche ein Kontinent, noch ehe er sich konstituieren könnte.
Gründe für die Kreierung der Marseillaise zur Nationalhymne Europas brauchen nicht erst angeführt zu werden. Sie empfiehlt sich als die mitreißendste der nationalen Melodien – übrigens einem Bayern gewidmet, dem Nikolaus Luckner, Marschall von Frankreich – und ihr Rhythmus enthält westliches und östliches, nordisches und südliches Temperament. Auf, ihr Kinder des Vaterlandes, der großen europäischen Heimat, widersetzt euch nicht länger dem Geiste, der euch vereint! Er heißt: Die Vielfalt der europäischen Provinzen, von denen eine jede eine souveräne, liebe Heimat ist, zu garantieren und sie als Räterepublik, Fürsterzbistum, als Republik, als Königreich, als Herzogtum, Diktatur, als freie Patrizier- und Hansestadt, als Kirchenstaat oder als Oligarchie erstehen zu lassen und sie nur einzubetten in das vereinigte europäische Vaterland, welches stark genug ist – und obendrein weich und warm –, auf daß keine dieser souveränen Provinzen vorher in einem größeren Staatenverband eingeengt zu werden braucht. Das große warme europäische Plumeau genügt. Das Königreich Bayern braucht nicht vorher in eine deutsche Rheumaschafwolldecke eingewickelt zu werden! – Es lebe Europa, es lebe der König! –

Kgl. Bay. Hofjagden

Patriarch, Grandseigneur und Jäger sollte ein bayerischer König sein. Und der Jäger ist uns Bayern besonders wichtig. Die Originalität Seiner Kgl. Hoheit, des Prinzregenten Luitpold, hat da ein beinahe unerreichbares Vorbild gesetzt. Er war ein vornehmer und bescheidener Herr, besonders leger und freundlich im Umgang mit seinen Jägern. Da gäb es zahlreiche Anekdoten. Wie er zum Beispiel in einer winzigen Jagdhütte mit zwei Jagdgehilfen nächtigt und es regnet durchs Dach und dem Regenten direkt in seine Liegestatt. Wie er dabei aufwacht, aber seine beiden schnarchenden Begleiter nicht wecken will. Doch da fallen ihm seine Zigarren ein! Hoffentlich werden die nicht naß! Es tropft schon durch mehrere Luken herein, und dem Regenten fällt nicht mehr ein, wo das Kistl Zigarren verstaut worden ist. Jetzt erst will er die Jäger wecken. Der Regen wäre ihm gleich, meint er, »nur zum Rauchen haben wir nichts mehr, wenn es die guten Zigarren aufweicht«.

Wurde einer seiner Jäger von einem Wildschützen angeschossen, schickte der Regent den berühmtesten Chirurgen Münchens – und wenn der auch nicht mehr helfen konnte, den eigenen Leibarzt.

Da die Kgl. Bay. Hofjagdintendanz zur Arrondierung der Lieblingsjagdreviere des Prinzen Luitpold anstoßende Jagdreviere auf österreichischem Boden – besonders in Berchtesgaden jenseits des Hirschbühels, Bezirk Lofer – dazugepachtet hatte, kam es in dieser Gegend zu gewaltigen Wildererdramen, wobei einmal ein Jäger des Regenten einen österreichischen Wildschützen erschossen hatte. Und da dieser Jäger von den Kameraden des Schützen erkannt worden war, zeigten sie ihn an, und ein K. und K. Gericht in Salzburg verurteilte den Kgl. Bay. Hofjäger in Abwesenheit, wegen Mordes, zum Tode. Jetzt durfte der Mann nicht mehr ins österreichische Revier, denn er war dort überall steckbrieflich gesucht. Der Regent versetzte seinen Jäger schließlich in ein anderes Revier im inneren seines Königreiches mit den Worten: »Da wollen wir net den bayerischen Gesandten in Wien einschalten! Dös sind Wilderergschichten, dagegen kann man net angehn!« –

Über sechzig Jahre lang jagte der Regent im Allgäu, im Spessart bei Rohrbrunn, in Berchtesgaden, in der Jachenau und anderswo in seinem schönen Königreich. Glanzvolle Hofjagden liebte er weniger, er war immer aus ihm selber heraus ein hoher Jagdherr gewesen.

Es gibt prächtige, farbenfrohe Porträts von Luitpold, die ihn als Regenten in Generalsuniform zeigen, als des schönen Königreichs Bayern treuen Verweser. Und man kennt zahlreiche Fotografien, die den weißbärtigen, aber aufrechten Greis im schwarzen Überzieher festhalten. Am eindruckvollsten sieht er aber in der groben Lodenjoppe aus, den grünsamtenen Hut mit dem Gamsbart auf dem mächtig-väterlichen Haupt, unterm Arm den Drilling, die gestickte kurze Lederhose, die noch ziemlich viel von den Oberschenkeln herzeigt – und was sind das für Schenkel gewesen! Und was für herrliche Waden! Die kräftigsten und wohlgeformtesten Beine, die je ein Wittelsbacher gehabt! Darüber gibt es eigene Geschichten – diese Lederhose also läßt grüne Stickereien sehen und ist durch jene Hosentürlanekdote weithin berühmt geworden. Selbstverständlich fehlt die dicke Prinzregentenzigarre nicht. Das Bild wäre ohne sie nicht treffend gewesen. – Der bayerische Herrscher war nämlich der erste Staatsmann, der immer und ständig seine dicke Zigarre rauchte. Und das auch auf der Jagd. Bis zu seinem achtzigsten Geburtstag schritt er oft so munter fürbaß – auch auf den steilsten Wegen im Hochgebirg –, daß die viel jüngeren Jäger ihre Zigarren ausmachten. Der Regent aber rauchte auf dem ganzen Weg.

Prinzregent Luitpold also war sehr stolz auf seine Waden: Als der Bildhauer Rühmann für das große Nürnberger Reiterstandbild ein Double für die Regentenwaden suchte, fand sich kaum ein vergleichbarer Wadenbesitzer in der gesamten Armee. Ein Major mußte schließlich herhalten und dem Künstler für Gipsabdrücke zu Pferde sitzen. Er saß natürlich nicht auf einem richtigen Pferd, sondern auf einem Bock im Atelier Rühmanns. Der Bildhauer beschmierte die Beine des Majors dick mit Gips und ließ diesen trocknen. Der Major aber wurde ohnmächtig, und das Verfahren mußte eingestellt werden. Einem endlich aufgefundenen Oberleutnant erging es bei der Prozedur ebenso. Als der Regent vom Meister das erfuhr, stellte er sich selber zur Verfügung. Denn seine Wadeln wären es ja doch nicht gewesen. Und die Nürnberger sollten die echten, strammen Prinzregentenwadeln

haben auf ihrem Reitermonument vor dem Hauptbahnhof. Als der Bildhauer die festen Gipsmodeln von den Allerhöchsten Beinen herunterriß, gingen auch etliche Haare mit, echte Prinzregentenwadenhaare. Diese Wadenhaare in den Gipsschalen werden in der Familie des Bildhauers noch heute sorgsam aufbewahrt.
Der Regent war ja überhaupt ein kunstsinniger Monarch. Er, der Sohn König Ludwigs I., wie hätte er keinen Sinn für Schönheit haben sollen? Er wußte allerdings seine Jagdleidenschaft mit der Malerei aufs engste zu vereinen, indem er etliche hundert – oder gar tausend – Jagdmotive malen ließ oder dergleichen Gemälde aufkaufte. Da gibt es Wildschützenszenen und Genrebilder vor Forsthäusern und Jagerhütten. Weitaus in der Mehrzahl aber sind Stilleben von erbeuteten Tieren: erlegte gewaltige Hirsche mit Hochgebirgshintergrund, Gamsen tot in der Wand, Steinböcke, flinke Mankei, hingestreckte Hasen, Hühner, Fasane, Adler, Füchse und immer wieder Enten. Es fehlten natürlich nicht die Hundebilder, denn der Regent war ein großer Hundeliebhaber und Hundekenner. Jagdhunde Standlaut gebend, Jagdhunde schlafend und so weiter. Der Jagdenmalermäzen sammelte unermüdlich immer neue Bilder.
Daher kam es, daß den hohen Herrn auf seinen Pirschgängen nicht nur Minister und Hofkavaliere begleiteten, berühmte Wissenschaftler und andere verdienstvolle Herren, sondern auch zahlreiche Maler, um an Ort und Stelle allerhöchst angeregte Motivstudien zu machen. Es gibt gerade vom Prinzregenten Bilder, Fotografien aus dem Berchtesgadener Land, die von einer tiefen Eindringlichkeit sind, die einen für den Gedanken der Monarchie auch heute noch begeistern können. Am ergreifendsten: Zwei alte Oberförster leger am Zaune lehnend: Der Prinzregent und sein Sohn Prinz Ludwig! – »Der Prinzregent beim Eisschießen auf dem Hintersee« – »Der Prinzregent im Rodelschlitten«, dick eingemummt in Decken, auf dem Jagerhut eine kecke Hahnenfeder und die unvermeidliche dicke Zigarre im Mund; »Der

Prinzregent auf der Jagd« – wie er gerade zielt und abkommt.
In den letzten Jahren seines 91jährigen Lebens ist der Dackel »Bürschl« der Lieblingshund des Prinzregenten gewesen. Er durfte seinen hohen Herrn beinahe überallhin begleiten, daheim in der Kgl. Residenz zu München geradeso wie im Schloß zu Berchtesgaden oder in der Jagdhütte zu Hinterstein. »Bürschl« war sehr frech und »arrogant«, wie die Zeitungen oft berichteten. Er war besonders eifersüchtig, wenn sein »Herrle« andere Jagdhunde zutraulich anredete. Da bellte der Prinzregentendackel so wütend, daß die Hofkavaliere und die gesamte Nobilität des Gefolges oft nervös hätten werden mögen. Bürschl beruhigte sich erst wieder, wenn ihm der Regent versicherte, daß er ja doch das Lieblingshunderl sei und bleibe. – Er blieb es auch, denn der Dackl überlebte den greisen Regenten.
Hofjagden müssen sein. Sie gehören zum bayerischen Königtum seit eineinhalb Jahrtausenden. Das Herzstück der Alpen war einst bayerisch – und ein überaus prächtiger Teil ist es heute noch. Unsere Könige aber jagen nun auch in den ehemals fürstbischöflichen Revieren Frankens, bei Würzburg und Bamberg, in Ansbach und Bayreuth, im Spessart und im Fichtelgebirge, im Steigerwald und im Frankenwald, in den Klosterwäldern von Banz und Ottobeuren, von Kempten und Berchtesgaden. Denn unser Vaterland ist groß und hat in sich schon dreierlei Provinzen.
Hofjagden müßten auch im künftigen Königreich gehalten werden. Kgl. Bay. Hofjagden mit größerem oder kleinerem Aufwand, mit Treibern und Jägern, mit Hunden und Rössern und in der Einsamkeit des Hochgebirges. Weidmannsheil, Majestät!
Und bei den täglichen Hofnachrichten darf dann gelegentlich das Fernsehen an einem Königlichen Knödelbogen teilnehmen oder zusehen, wie Fürst und Jäger vor der Jagdhütte sitzen und einander zutrinken. Die Sonne verstrahlt ihr letztes Alpenglühen, vom Bärgundeles-

tal herauf hört man das Röhren eines Kgl. Bay. Hirsches, und ein zweiter oder dritter oder vierter Jagerloisl sagt vielleicht zu einem vierten oder fünften Ludwig: »Dank schön, Majestät, i hab grad trunka!« –
Der Leib- und Lieblingsdackl »Bürschl« aber sitzt bei seinem »Herrl« und sieht frech und arrogant in die Kamera eines Kgl. Bay. Fernsehens hinein.
Und kommt der Zeitpunkt, der glückliche, nach dem unser bayerisches Herz seufzt, da wir den König ausrufen, dann wird das eine unsagbar schöne und zu Herzen gehende Feierlichkeit sein. Die Einholung, die offizielle Ausrufung durch den Reichsherold, die Krönungsfeierlichkeiten im Dom, die Huldigung der Residenzstadt vor dem Rathaus, die Huldigung des Landes vor der Residenz und so weiter – all das würde Tage dauern. Aber der allererste Anfang, das Anfragen und Bitten einer Delegation des bayerischen Parlamentes, könnte man sich nur in einer uralten Königlichen Jagdszene vorstellen. Der Herzog auf der Gamspirsch – oder gar auf der Auerhahnjagd. Die Delegation nähert sich mit den Reichsinsignien. Bayerische Dirndl, begleitet von hohen Offizieren, trügen auf weißblauen Kissen die Kgl. Bay. Krone, das Zepter, den Reichsapfel und das Reichsschwert. Der Herzog blickt versonnen auf. Der Parlamentspräsident redet ihn an und fragt ihn, ob die Kgl. Hoheit wieder unsere Majestät werden wollten. Die Mädchen mit den Insignien aus der Schatzkammer treten vor. Der Herzog blickt auf und sagt: »Grüaß Gott beinander! Zum bayerischen Kini möchts mi wieder macha? Ja no, von mir aus und in Gotts Nam! – Es ist a merkwürdige Fügung, daß grad heit daherkemmts. Grad vorhin is mir nämli mein Urgroßonkel erschienen, der Ludwig II., und hat mir seine Krone aufgsetzt. In dem Moment schlagt der Auerhahn an, auf den i ansitz. I wisch mir an Schlaf aus die Augn. Da tritt König Ludwig I. her zu mir und setzt mir aa seine Krone auf. Marian Josef, denk i mir, was bedeit denn iatz dös? Und wieder schlagt der Hahn an! –

I schaug zum Himmi nauf, sternklar, und es liacht bereits. Naa, naa, i schlaf net. I beiß mir in d'Lippn. Da tritt Seine Kgl. Hoheit, der Prinzregent Luitpold, mein Urgroßvater, her zu mir, druckt mir sein Kgl. Zepter in d'Hand und sagte: Genier di net, regier nur! Da schlagt der Hahn zum drittenmal an und i schiaß. – Und iatz kemmts ös daher. – Guat. I nimm die Krone, die wo meine Väter tragn habn, an und regier mein liabs, guats und bravs Bayernlandl. In Gottes Namen!« – Und der nunmehrige König ladet die Dirndln und Abgeordneten, die Minister und Generäle zum Essen ein auf die Jagerhütten.

Bis es freilich so weit ist, müssen wir uns mit dem Anblick der Kgl. Bay. Reichsinsignien in der Schatzkammer der Residenz begnügen. Sooft ein königstreuer Bayer den Raum in der Schatzkammer betritt, in dem unter einem gewaltigen Glassturz die ehrfürchtige bayerische Königskrone glänzt und neben ihr die Krone der Königin, das Kgl. Bay. milde Zepter, der elegante Reichsapfel und das gerechte Reichsschwert, wird es ihm warm ums Herz, und er verneigt sich ehrerbietig vor seiner Königskrone. Ist er leicht militärisch gestimmt, also kgl. Bay. militärisch oder musikalisch, mehr militärmusikalisch, dann salutiert er vor diesem Glasschrein. Ich habe auch schon Ausländer und Preußen davor grüßen sehen.

Republikanische Bayern neigen zu extremen Unternehmungen, wandern aus, werden deutsche Politiker, neigen zu Revolutionen und sonstigen Aufsässigkeiten. Ein guter Bayer ist natürlich ein Monarchist. Da die monarchische Idee aber nun auch in Bayern schon an die fünfzig Jahre ganz und gar abgestorben zu sein scheint, wird das Zusammenleben bei uns immer schwieriger. Es lebe der König, es lebe Europa! –

Was hat schon der König mit Politik zu tun?

»Der König ist das Volk. Das Volk ist der König.« Aber man mache daraus nicht gleich einen Abendmahlstreit: »Dies ist mein Leib«, »dies bedeutet meinen Leib« oder »dies wird mein Leib«, wie jene Häretiker Dr. Luther, Zwingli und Calvin sich wegen der Übersetzung der Copula esse untereinander, und mit dem Papste so jähzornig verstritten haben. Wegen so einer Lapalie! Hoc est corpus! »Est« darf man übersetzen, wie man will, mit »ist« und mit »wird« und mit »bedeutet«, mit »enthalten« und »scheinen«, mit »befinden« und »innewohnen«! Alles Unheil geht von den deutschen Philologen aus, von allen Interpretationswütigen überhaupt, auch von den Juristen mit dem Buchstabengesetz. Der Geist aber weht, wo er will, auch bei den Bayern! – Im »ist« ist also mancherlei Vielfältigkeit enthalten. Wie schon der Seufzer der Schwimmermutter von Schwimm es auszudrücken vermochte, als sie ihre siebzehnjährige Liesl in anderen Umständen wähnte, nachdem sie drei Tage in München bei ihrer Tante während der Oktoberfestzeit verbringen durfte. »Mei«, seufzte da die Schwimmerin, »is dös was!« Und der Schwimmer meinte dazu brummend: »Ja no, sein tuats was!« – Dergleichen haftet eben dem Oktoberfest an, denn es ist seinerzeit anläßlich der Vermählung unseres großen Ludwig I. mit der sächsischen Prinzessin Therese gestiftet worden, und diesen fruchtbaren Hauch der Vermählung verliert das Oktoberfest niemals. Dafür sorgt schon der Einzug des Hofes. Die Auffahrt der Königlichen Familie erinnert alljährlich an diese Königshochzeit, ja an jede bayerische Königshochzeit, ja an jede bayerische Hochzeit schlechthin. – Das heißt, diese Kgl. Auffahrt in das Kgl. Festzelt würde daran erinnern, wenn es sie doch gäbe, wenn es sie wieder gäbe.

Die ersten Wiederanfänge eines bayerischen Königtums müßten mit dieser Auffahrt der Majestäten, Prinzen und Prinzessinnen in das Hofzelt auf der Theresienwiese ihren Anfang nehmen. Das Hofzelt könnte am Fuße der Bavaria aufgeschlagen werden, und treue Bayern aus allen Regierungsbezirken des Königreiches könnten dort täglich drei Stunden lang Gäste des Kgl. Hauses sein. In diesem Hofzelt müßte selbstredend Kgl. Bay. Hofbräubier ausgeschenkt werden, und anzapfen müßte der Münchner Oberbürgermeister, und die erste Maß sollte von den schönsten Kellnerinnen Bayerns unter den Klängen des Bayerischen Defiliermarsches in einem eigens einstudierten Gardetanz zum Thron des Monarchen emporgetragen und dort untertänigst kredenzt werden. Der König sollte dann aber von dem Throne sich unter Paukenwirbel und Fanfarenstößen erheben, die Maß sich und dem ganzen gesegneten Bayernvolke präsentieren und auf das Wohl des ganzen Volkes trinken, etwa mit den Worten: »Laßt uns trinken auf die Freudigkeit unseres Volkes, auf sein Glück und auf den Frieden!«

Ein unermeßlicher Jubel, der mittels Television durchs ganze Vaterland getragen wird, braust auf, die Kapellen alle spielen den Präsentiermarsch, die Kanonen schießen Salut, die Freudenglocken klingen, die Schenkkellner zapfen in allen Zelten an, und Seine Majestät stoßen mit Ihrer Majestät an, die Prinzen und Prinzessinnen tun desgleichen, die Hofkavaliere und Hofdamen, die Herren Minister und Präsidenten ebenso, sie alle gehören in diesem Augenblicke zur Nobilität und umstehen den Thron. Unter dem Nobelgefolge sind selbstredend auch die Stände und Parteien vertreten, die Gewerkschaften und selbst die Republikaner und Vertreter der Kommunisten, auch das diplomatische Korps und drei Vertreter des Metropolitankapitels und so weiter.

Nach diesem Königstrunk beginnt das Schmausen und Schlecken, das Essen und Fieseln, das Nippen und Trinken, das Lachen und Ratschen, das Prosten und Schnakkeln, das Karussellfahren und Hineinspazieren in die Schaubuden und Achterbahnen, in die Geister- und Himalajabahnen, in die Rotoren und Zyklotrone, in die

Weltraumraketen und alten Zeppeline, in die Krinolinen und Riesenräder.
Die allerhöchsten Herrschaften nehmen in ihrem Festzelt an ihren Biertischen Platz, und die Festlichkeiten nehmen ihren Verlauf. Bis schließlich die Majestäten unter Musik und paradierendem Militär die Theresienwiese wieder verlassen.
Kein Mensch stört dergleichen Kgl. Bay. Volkszeremonien. Jedermann ahnt die elementare Verbundenheit, die die Bayern mit ihren Wittelsbachern haben. Sie sind ein Blut und ein Bein, ein Fleisch und ein Geist, eine Herzlichkeit und Freundschaft, eine Kraft und ein Saft, eine Familie und eine Liebe, eine Gemütlichkeit und eine Toleranz, sie sind ein Volk und ein Königtum, denn der König ist das Volk, und das Volk ist der König.
Wie ein Bienenvolk zugrunde gehen müßte ohne Königin, wenn es nicht gleich wieder Königinnen kreierte, also kann auch dieses Bayernvolk nicht lange ohne König leben. Es lebe unser angeborenes, rechtmäßiges Königshaus! Es ist rechtmäßig. Und auf die Rechtmäßigkeit kommt es an in Bayern.
Die königlichen Oktoberfestzeremonien würden für weltlich-heilig gehalten werden. Niemand würde über sie zu spotten wagen, nicht einmal die frechsten Fernsehmoderatoren, ja nicht einmal preußische Kabarettisten in Schwabing. – Diese gehören auch zur Münchner Gemütlichkeit. – Und ein bißchen einen Humor vertragen ja bei uns alle – auch die Könige und die Prinzen.
Bei den Kgl. Bay. Hofnachrichten würde es dann vielleicht einmal heißen: »Heute, am neunten Oktoberfesttag, besuchten Seine Majestät inkognito und ganz privat, nur in Begleitung des berühmten Münchner Abendzeitungskolumnisten Sigi Herbst, auch unter dem Namen Dionysius bekannt, das Augustiner-Bierzelt und tranken dort drei Maß.«
Oder folgende indiskrete dpa-Meldung würde über die Fernschreiber laufen: »München: Während der Kgl. Bay.

Hofzeremonien anläßlich der Eröffnung des diesjährigen Oktoberfestes raunte Ihre Majestät die Königin dem König zu: ›Trink net so viel wie voriges Jahr, Franzl, du mußt noch die Landwirtschaftsausstellung eröffnen!‹ Wegen der Unvorsichtigkeit eines Toningenieurs des Kgl. Bay. Fernsehens aus Freimann, der sein Kabel mit dem eines Kollegen vom Kgl. Bay. Hörfunk verwechselt hatte, wurden diese mahnenden Worte der bayerischen Königin über alle eingeschalteten Sender des Königreiches augenblicklich ausgestrahlt. Der Intendant des Kgl. Bay. Rundfunks wird sich vor dem Rundfunkrat wegen dieses Vorfalls verantworten müssen, teilte der Ministerpräsident erzürnt in einer eilig einberufenen Pressekonferenz mit. Das Volk der Bayern aber schmunzelt und singt in allen Bierzelten den berüchtigten Oktoberfestschlager mit besonderer Herzlichkeit: ›Geh, Alte, schau mi net so deppert an!‹«

Beim großen Preisschießen im Schützenzelt werden die Kgl. Prinzen ins Schwarze treffen und sich mit den Jägern und Förstern und auch mit manchem Wildschütz um die Preise ereifern. Die Preisverteilung wird zu einem Staatsakt, und die ersten Preise werden aus den Händen der Prinzessinnen verliehen werden. Das Fernsehen des In- und Auslandes wird dabeisein und vielleicht auch ein Europageneral aus Paris.

Was hat schon unser König von Bayern mit der Politik zu tun? Der zweite Kabinettsekretär Seiner Majestät, Dr. Wastl Radlkofer, ist in Ungnade gefallen. Er hat bei einer Ordensverleihung einen argen Fehler gemacht. Der König wollte wegen der Eröffnung eines Städt. Volkstheaters in München allen Stadträten das Verdienstkreuz vom hl. Michael überreichen und den Herren Bürgermeistern den Michaelsorden 4. Klasse mit Krone; der Herr Oberbürgermeister aber sollte den Michaelsorden 3. Klasse empfangen, mit dem zugleich der persönliche Adelstitel verknüpft. Dr. Radlkofer verwechselte alles und erhob sämtliche achtzig Stadträte in den persönlichen Adelsstand, und dem Oberbürgermeister ließ er nur das Ver-

dienstkreuz vom hl. Michael überreichen. Dr. Radlkofer ist untröstlich, der König hat es auch zu spät gemerkt, und seitdem gibt es in München also lauter »von« Stadträte, die übrigens einstimmig beschlossen haben, daß sie künftighin die Titulatur »Stadtrat« mit »Municipalrat einer Kgl. Haupt- und Residenzstadt« auswechseln wollen.
Der König repräsentiert auch die Nichtpolitiker, die Gastwirte und Bierbrauer, die Bäcker und Metzger, die Bauern und Jäger, die Förster und Forstgehilfen, die Holzarbeiter und Säger, die Schreiner und Automobilarbeiter, die Maurer und Handlanger, Kunstmaler und Dichter, die Architekten und Schauspieler, et cetera et cetera. Die Musikanten und Komponisten, die Tänzer und Tänzerinnen, die Journalisten und Reporter, die Huterer und Näherinnen, die Schneider und Schuster, die Zahnärzte und Veterinärräte, die Sanitäts- und Medizinalräte, die untadeligen Beamten und die Privaten. Der König präsentiert das ganze Volk, die Armen und die Reichen, die Gescheiten und die Dummen.
Die Politik war zu speziell geworden, eine reine Kommunal- und sozio-psychographische Freizeitpolitik. Das große Gespenst hieß: seelische Verarmung der Massen. Und nun gar schon »aggressive Schizophrenie der Völker«. Es kamen zahlreiche Selbstmorde vor. Jeder zehnte Bürger war von starken Stimulantien abhängig, von Beruhigungspillen oder Rauschgiften. Das Ministerium für Freizeitgestaltung war das aufgeblähteste und kostspieligste Ressort der meisten Regierungen geworden. Seit der 24-Stunden-Woche waren alle – im Gegensatz zu den sechziger und siebziger Jahren – nur noch drei Tage beschäftigt: Dienstag, Mittwoch, Donnerstag. Drei Tage sollst du arbeiten, vier Tage aber ruhen. – Einige Kardinäle der neueren Richtung ließen ihre Startheologen und Exegeten die Lehre verkünden, daß Gott Vater, am Ende des Schöpfungsberichtes, nicht unbedingt an der altmodisch gedeuteten Siebentagewoche festhalten wollte, sondern durchaus unter der Chiffre »sechs Tage sollst du arbeiten, am siebten Tage aber sollst du ruhen

und Gott heiligen!« auch die Auslegung einer Dreitagewoche zuließe, denn die sei sozial fortschrittlicher. Und auf den sozialen Fortschritt käme es in der modernen Kirche vor allem an, wie der vorige Münchner Kardinal seine Frömmigkeit auszudrücken beliebte.

Kurzum, es arbeiteten die Menschen nur noch drei Tage lang acht Stunden, inbegriffen die dreimalige Zeit der Rekreation: Am Vormittag eine halbe Stunde Brotzeit, mittags eine Stunde Restaurationszeit und nachmittags wieder eine halbe Stunde Brotzeit, so daß man praktisch dreimal sechs Stunden arbeitete. Bei dreimal vier Wochen Urlaub im Jahr! Zwar hatte bereits jedermann eine Zweit-, viele sogar eine Drittwohnung, trotz dieser Hin- und Herfahrten blieb die Freizeitgestaltung das Gebot des Tages und der Nacht.

Die humanistische Bildung war verpönt, und kein Mensch mehr kannte den Satz Epikurs: »Die Stimme des Fleisches spricht: Nicht hungern, nicht dürsten, nicht frieren! – Wem dies aber alles zuteil wird oder wer gewiß darauf hoffen darf, der kann sich an Glückseligkeit selbst mit Zeus messen.«

Nur wer friert, genießt die Wohltat der Wärme, nur wer hungert, wird selig in der Sättigung, und wie einen Durstigen das Wasser labt, also schmeckt keinem Trinker der kostbare Wein. – Die Genießer unter den Menschen sind mäßige Leut.

Natürlich haben die Freizeitministerien die arbeitenden Massen dazu gebracht, im Verein mit den Gewerkschaften und unter immensen Ausgaben, daß fast jeder dritte Genosse eine Freizeitgestaltungsakademie absolviert hatte. Trotz allem sah es düster genug aus, und es kam – vor der Einführung der Monarchie – immer wieder zu heftigen Ausschreitungen, zu den sogenannten »Frustrations-Orgien von Massen«, wo die Sanität und das Militär oft Halbtote und durch Vergiftung Bewußtlose in die Krankenhäuser schaffen mußten, wo man sie nur mühsam wieder ins sinnlose Leben zurückbringen konnte. Durch den europäischen Zusammenschluß der souveränen

Provinzen und die Wiedereinführung der gesetz- und rechtmäßigen Monarchie in Bayern konnte den seelisch verelendeten Massen geholfen werden. Bereits nach sechs souveränen Jahren unter dem König sproß die alte Bayernfreude wieder empor.
Der Obersthofmeister Graf Fürstenfeld, der nach dem neuen Hofgesetz immer diesen Titel tragen sollte, ganz gleich welcher Abkunft er wäre – und stammte er auch aus der niedersten Volksschicht, aus der armen und verrückten Akademikerklasse – er würde als Obersthofmeister zeitlebens die Titulatur »Graf Fürstenfeld« tragen dürfen, auch wenn er sich nicht mehr im Amt befände, dieser Graf Fürstenfeld, Enkel eines Akkordpflasterers, selber dann etliche Jahre Gewerkschaftsführer – und an Gewerkschaftsfunktionäre wurden während der ersten Jahre die hohen Hofämter gerne vergeben – dieser Obersthofmeister hatte die Idee einer völlig neuen Freizeitgestaltung, die er auch prompt mit Erfolg an die Öffentlichkeit brachte. Er verkündete sein Freizeitgestaltungskonzept, das, wie er durchblicken ließ, von Seiner Majestät mit Begeisterung akzeptiert werden würde. Die neue Freizeitgestaltung schlug denn auch ein wie eine Bombe. Ein Volksentscheid brachte siebzig Prozent, und die anschließende Volksbefragung – beide Verfahren binnen zehn Minuten mittels der Fernsehtelekratie durchgeführt – brachte achtzig Prozent.
Die Graf Fürstenfeldsche Freizeitgestaltung hatte freilich die Wiedereinführung der Sechzigstundenwoche im Gefolge. Erst mußte die Arbeitszeit wieder auf wöchentlich sechzig Stunden hinaufgesetzt werden. Die Psychotherapeuten und Verhaltensforscher bekamen Sorgenfalten auf der Stirn. Nun würde auch dieser hochgeachtete und hochdotierte Akademikerberuf langsam verarmen und verkommen, denn die Arbeit ist es, die gesund hält an Leib und Seele.
Die großen Fabriken sollten zwar noch die billigen Massengüter erzeugen, aber die gediegene Handwerkerarbeit, das Kunstgewerbe für die besseren Sonntagsge-

genstände, wurde immer stärker gefragt. »Semmeln aus einer winzigen Landbäckerei! Wir backen täglich nur 1300 Stück und dreihundert Brezen!« Man fuhr kilometerweit nach solchen Bauernsemmeln. Auch handgemachte Schuhe kamen wieder in Mode. Das Bier der kleinen Landbrauereien – und hatte es auch ein altbayerisches Hausgerüchlein – wurde fast andächtig getrunken, obwohl die Maß um sechs Pfennig teurer war! Eier, von frei gehaltenen Hennen gelegt, kosteten das Doppelte, handgemolkene Milch kam auf das Vierfache.
Die Handwerksbetriebe und die Abteilungen der vollautomatischen Fabriken beschäftigten jeweils nur kleine Belegschaften. Aber auch von diesen wenigen Beschäftigten waren nur selten alle anwesend. Die Arbeitsmoral galt als hervorragend, wenn sie wirksam wurde. Man griff hart zu. Aber man erlaubte sich, angesichts der Sechzigstundenwoche, natürlich das uralte, noch aus der Urgroßvaterzeit herstammende Blaumachen. Jeden Montag früh kann man schon um sieben Uhr in den großen Bierwirtschaften keinen Platz mehr finden. Die Maurer und Handlanger, die Baggerführer und Lastzugfahrer, die Schreiner und Schneider, die Schuster und Uhrmacher, die Näherinnen und Verkäuferinnen, die Friseure und Friseusen, die Sekretärinnen und Regierungsräte, alle Werktätigen, die auf sich hielten, feierten den blauen Montag.
Wirkliche Schwerarbeiter sind seitdem in Bayern wieder nur die Kellnerinnen und Küchenmaderln, die Köche und Köchinnen, die Schenkkellner und Bierfahrer.
Es herrscht ein Leben wie um das Jahr 1900 und früher. Damals saßen sie auch schon vormittags in den Wirtshäusern. In München soll es im 19. Jahrhundert zeitweilig bis zu 18 Bierwirtschaften, Brauhäuser und Cafés gegeben haben, wo man schon an den Vormittagen ein Orchester hat spielen hören können. Wo sogar um neun Uhr schon die Komiker mit dem ersten Einakter angefangen haben.
Das war noch eine Welt der Gemütlichkeit! Um neun

Uhr schon Komödie an allen Ecken und Enden! Ja, für welches Publikum, werden Sie fragen? – Für die Blaumacher natürlich! Für die Zünftigen und Grüabigen! Für die selbsternannten Rentner auf Zeit, für die wirklichen und eingebildeten Gewappelten, für das sogenannte gemütliche Geschwerl.

Damals gab es keine Freizeitprobleme. Es schmeckte einem frühmorgens das Bier wie am Abend, das Zigarrl dazu und der warme Leberkaas am Mittag. Die Komiker ließen keine Schwermut aufkommen. Um zehn Uhr spielten sie ein Wildererdrama, und um drei Uhr nachmittag zur Brotzeit sangen sie Moritaten, und dann kam ohnehin schon bald die Blaskapelle.

Man wußte nichts vom Herzinfarkt und lebte froh dahin. Man war gemütlich, man war stark und hielt von den Doktoren und Gesundbetern einen Dreck. Alle wußten es: »Wenn du einen starken Gesund hast, dann darfst du alles, hast du aber einen schwachen Gesund, dann darfst du nichts.« –

In jedem zweiten Wirtshaus spielten flotte Musikanten zur Unterhaltung und, wenn es sein mußte, zum Tanz auf. Von den zahlreichen Redouten in der Faschingszeit gar nicht zu reden. München leuchtete damals, schrieb sogar ein gebürtiger Hanseate. Und München war eine Königliche Haupt- und Residenzstadt. Und sie war es nun mit europäischer Erlaubnis wieder. –

Daß das Leben noch einmal so sorglos und lustig werden sollte, jetzt nach Wiedereinsetzung des rechtmäßigen, angestammten Königshauses, das hätten nicht einmal die Münchner Domherren geglaubt.

Die gestohlene Freizeit schmeckte eben den Leuten viel besser als die offiziell aufoktroyierte Freizeit, die schließlich nur noch mit Hilfe der Freizeitplaner und der Freizeitakademien und anderer Stimulantien genossen werden konnte. Die Freizeit, die man sich selber stiehlt, die ist wirklich frei! – »Acht Tag habn mir jetz blau gmacht, und's Arbatn gfreit uns allerweil no net. Gwiß, man hat sein Kopfbrummen in der Früh und seinen Grant.

Man geht mit dem Adams- und Evafluch beladen um sieben Uhr an seinen Arbeitsplatz, kehrt aber dann etliche Meter davor, weils eh schon wurscht is heut, um und begibt sich in das nahe gelegene Wirtshaus zum Grünen Baum. Da trifft man dann auf den Schorschi und Rudi, auf die Evi und Anneliese und bestellt sich eine warme Bratwürstelsuppe samt Weißbier. Das richtet einen wieder zsamm. Da geht die Tür auf, und herein kommt Seine Kgl. Hoheit der Herzog von Bogen, früher Alois Hintermeier geheißen. Alle stehen auf und begrüßen den Herzog und seine zwei begleitenden Kavaliere mit großem Hallo, indem der Loisl ein unsriger Spezi ist und seit zwei Jahren aber der Vater von Ihrer Majestät der Königin von Bayern! – Ja, ja, mit dem neuen Hausgsetz is bei uns iatz sowas möglich! – Kgl. Hoheit hin und Kgl. Hoheit her! – Und zahlt die Kgl. Hoheit heit vielleicht a Maß? – Mit dera Dummheit werds halbe neine, und mir fahrn auf Einladung Seiner Kgl. Hoheit in den Münchner-Kindl-Keller, wo sie vormittags den Thomaeinakter von den kleinen Verwandten spieln, ein Stück, wo sich der Alisi 's Jahr dreimal anschaugn mag. Mir Kollegen fahrn in seiner Staatskarossen mit, wo zwoa Hartschiere mit Blauliacht vorausfahrn! Dös san Gefühle! – Leider muaß Seine Kgl. Hoheit der Königinvater um elfe seine Königinmuatter abholn, weil die zwoa eine chinesische Delegation in Schleißheim draußen empfangen müaßn. Der arme Herzog Alois von Bogen! Er derf nimmer blaumacha. Zum Abschied müaß ma allsamt woana. – Auf dös hin legn mir uns auf a Stünderl a zwoa in die Isarauen, weils gar a so a schöner Tag is, und nachand werds eh schon Zeit fürn Biergarten! – Und morgn muaß i blaumacha, weil morgn halt unser Pfarrei sein Bittgang nach Maria Thalkircha macht. I hab vorigs Jahr ein Gelübde gmacht, daß i jeds Jahr mitgeh, wenn ma's Bier wieder schmeckt. – Und es schmeckt ma wieder. – I sag ja: Thron und Altar ghörn zsamm. Es lebe der König, es lebe Europa!«
Utopien sind keine Märchen. Utopien sind eine heilige

und wünschenswerte Ideologie, versehen mit einer Anwendungsmöglichkeit für die Praxis, denn sie bekennen sich ehrlich zur menschlichen Unzulänglichkeit.
Was kümmert den König die Politik? – Die beste Staatsform bietet den Menschen Stabilität und menschliche Möglichkeiten. Die Säu wechseln, der Trog bleibt.
Der Mensch hat nicht das ewige Leben. Im Tod ist unser Leben, und unser Erbe ist das Licht. Es ist aber kein irdisches Licht, sondern das ewige Licht.
Ein Übermaß an Daseinsverwirklichung, ein Übermaß an Organisation der Gesellschaftsordnung, ein Übermaß an Nützlichkeit und militärischer Sicherheit, ein Übermaß an irdischer Vorsorge, an Versicherungen und Renten, an Verwaltung und Erziehung, an Ausbildung und Interpretationen detailliertester Art – all dieses Übermäßige kommt aus der Todesangst, die man nicht ertragen will, an die man nicht einmal mehr denken will. Einstweilen gäb es ein wesentlich einfacheres Mittel, dem Tode ungerührt ins Auge zu sehen, gleichmütig das Schicksal des Lebens zu ertragen, als dieses immerwährende Revolutionieren und Organisieren, Pädagogisieren und Bürokratisieren: Feste feiern und Zeremonien heilig halten! Ohne Ehrfurcht vor einem König ist beides beinahe unmöglich.
Jünglinge und Mädchen, die ständig die Gesellschaft ändern wollen, beweisen, daß sie selbst keine Freude am Leben haben. Wer mit dreiundzwanzig lieber Revolution macht, als daß er liebt und ein bescheidenes Nest allmählich sich baut und längere Zeit nach der Richtigen sucht, als daß er im Frieden singt und spielt und tanzt, als daß er trinkt und ißt – mit vierzig darf er es eh nicht mehr – als daß er sich freut an der Wanderschaft, an den Künsten und meinetwegen – so er noch Zeit hat und eine gehörige Begabung dazu besitzt – auch an den Wissenschaften, wer all das lieber nur nebenbei rasch mitnimmt und den Kampf um die Veränderung der Gesellschaft nach fiktiven Parteiprogrammen auf sich bürdet, Gefängnis und Bürgerkrieg riskiert und die

neue Ordnung mühselig abwartet und dann erwartet, daß ihm das Leben jetzt erst eine Freud machen wird, der wird schwer enttäuscht aufseufzen: »O mihi praeteritos referat si Jupiter annos! O könnt mir der Herrgott doch die vergangenen Jahre zurückgeben! Ich würde sie anders nützen. Ich tät keine Revolution mehr machen wollen, auch nur noch eine Minute von meinem lustigen jungen Leben herschenken. Weil: Nix Schöners konns gebn wiar a lustiges Lebn, wiar an weißblaua Fahn und an Kini danebn! –

Die Erhabenheit eines legeren Zeremoniells bei einem kgl. Bay. Fest stillt die Sehnsucht der Seele nach Stabilität und Gerechtigkeit. Thron und Altar gehören freilich zusammen an solchen Festtagen. Dann kann nichts mehr passieren, dann trifft uns keine größere Freud dereinst als das ewige Leben! –

Die Böller krachen, die Glocken läuten, die Orgel braust, der Erzbischof spendet den apostolischen Segen. Das Volk kniet, die Damen der Gesellschaft knien, die Kavaliere knien, die Domherren und Ministranten knien; die Fahnen sind gesenkt, die Offiziere stehen stramm mit gezücktem Degen, und unter dem Triumphbogen der Michaelhofkirche kniet – mitten unter seinem Bayernvolke – Seine Majestät der König. – Das sind Augenblicke, die einen mehr erfreuen können als tausend Kilometer neue Autobahn.

Das Königtum ist keine politische Institution, darum können Politiker einen König weder stürzen noch auf den Thron heben. Könige sind Urväter, sind Anfang und Ende eines jeden Kultes.

Es würde uns Bayern selbst das Bier besser schmecken, wenn wir wieder einen König hätten!

Von der Güte des Bayerischen Königshauses

Der schärfste Einwand wider die Einführung der Monarchie in Bayern wird mit dem königsfeindlichen Satze formuliert: »An Kini? In der heitigen Zeit? Der nix tuat und nix taugt und d'Leut no mehrer schikanieret? Na, na, liaber net!«

Es ist das alte Vorurteil aller Unzufriedenen seit Jahrhunderten, das dem König jede Schuld aufbürdet. Die Entwicklung der Lehre von der Volkssouveränität, von der Demokratie in einer Republik, besonders heftig vertreten vom liberalen Bürgertum des vorigen Jahrhunderts, ließ die Idee der Monarchie immer altmodischer und überflüssiger erscheinen. Es ist in den republikanischen Demokratien auch wesentlich einfacher, anfallenden Ärger auf den Kopf eines auswechselbaren Ministers zu häufen. Mit einem Rücktrittskandal wird viel Ballast abgeworfen, wird neuer Atem geschöpft, kann selbst die Kreditwürdigkeit einer angeschlagenen Partei erhöht werden. In einer konstitutionellen Monarchie bliebe doch immer ein Hauch der Unzufriedenheit am König hängen.

Das müßte nun keineswegs der Fall sein. Die Präsidialmonarchien, die den königlichen Konstitutionalismus nur dem Scheine nach, nur nominell betreiben, also England, die skandinavischen und die Benelux-Länder, überwiegend also die Länder mit den glücklichsten Sozialdemokratien, bewahren durchaus die sakrosankte Integrität und hohe Würde ihrer souveränen Monarchen. Anfallende Regierungskrisen berühren die Erhabenheit des Thrones nicht. Der König ist mehr als bloß eine politische Repräsentanz eines Volkes; geschweige denn der Notarpräsident der eifersüchtigen Parteien. Der König repräsentiert Haupt und Herz, Intelligenz und Muskelkraft, Würde und Anmut, Alter und Jugend, Begabung und Dummheit, Geschichte und Gegenwart eines Volkes. Und er wird von seinem Volke geliebt wie der eigene Stallgeruch, wie der Vater in der Familie, eben wie der König seines Volkes.

Könige werden geliebt und gefürchtet. Darum begegnet man ihnen mit der Ehre der Furcht, mit Ehrfurcht. Und sei diese Furcht auch nur noch symbolische Ehrfurcht. Über einen König spottet man nicht, über einen König erzählt man bestenfalls allerhöchste Menschlichkeiten und charakteristische Anekdoten.

Als S. K. Hoheit der Prinz Rupprecht Anno 1899 von seiner traumhaften Fernostreise zurückgekehrt war, hielt der gescheite Kgl. Prinz, der eines Tages König von Bayern sein würde, in der Akademie der Wissenschaften vor der geographischen Gesellschaft öffentliche Vorträge über seine Reiseerlebnisse. Dazu wurden mitgebrachte Epidiaskope vorgeführt. Es war also ein Lichtbildervortrag. Damals unbedingt ein Novum. Hohe, höchste und allerhöchste Herrschaften zählten zu den Zuhörern. Auch einiges Volk war vertreten, wer immer interessiert war, konnte kommen. Nun zeigte es sich, daß der Vorführer die Bilder durcheinanderbrachte, was aber den freien, gescheiten und gründlich wissenden Prinzen Rupprecht nicht aus dem Konzept brachte. Elegant fing er jedes Vorgreifen auf und band das Ganze doch in den großen Bogen seines Vortragskonzeptes. Jedermann war begeistert von diesem Prinzen. Rupprecht fand dabei zum Beispiel die Formulierung wie: »Was ist es, das uns den Orient so bezaubernd erscheinen läßt? Ich glaube, es ist die Ursprünglichkeit der dortigen Zustände, die uns an längst vergangene Phasen der Entwicklung des eigenen Volkes zurückmahnen und gleichsam dessen Kindheit wieder auffrischen. Gewiß ein besinnliches Wort, dieses ›Auffrischen‹ des modernen Zivilisationsmenschen an den Stätten und Zeugen einer ursprünglichen, einfachen, homerischen, menschlichen Kultur!«

Und nun wird noch überliefert, wie sehr der Großvater angetan war von den Vorträgen seines Enkels. Der Prinzregent war von der geistigen Potenz seines Enkels Rupprecht mehr angetan als von den bescheidenen, landwirtschaftlichen Exerzitien seines Sohnes Ludwig. Welch ein König wäre dieser Rupprecht geworden!

Es gibt natürlich auch entzückende und diskrete Episoden und Anekdoten aus dem Leben der Monarchen unseres Königreiches Bayern. Zur Schönheit entbrannt, fingen sie sehr leicht Feuer vor schönen Frauen. Wir kennen die Schönen der Schönheitsgalerie Max Emanuels, Karl Albrechts und vor allem die Mädchen und Frauen und Damen Ludwigs I.. Wir wissen aber von keiner Kgl. Bay. Greueltat. Unser angestammtes Königshaus Wittelsbach ist immer sauber geblieben. Nicht einmal dem Karl-Theodor ist da allzuviel Böses nachzusagen. »Nur aufpassen, daß wir nicht wieder ein Pfarrer- und Weiberrock-Regiment kriegen wie Anno zu den Zeiten Karl-Theodors!« Das pflegten sowohl Ludwig I. als auch noch seine Söhne Max II. und Luitpold, der Prinzregent, gelegentlich auszurufen.

Alles und jedes braucht das Volk natürlich auch nicht zu wissen. Der König darf seine »Geheimnisse« haben. Sie werden ohnehin meistens katalogisiert und archiviert und liegen als »Liebesbriefe« dann fein säuberlich im »Geheimen Staats- und Hausarchiv«.

Man betrachte zum Beispiel den Schreibtisch S. M. König Maximilians I., des vielgeliebten und guten Vater Maxens! Der König hatte natürlich mehrere Schreibtische, aber einer, der meistbenützte in seinem Arbeitskabinett, auf den er sich jeden Morgen Punkt sechs Uhr vom Kgl. Bay. Finanzminister hat 1000 Gulden ausbezahlen lassen, der steht im Bay. Nationalmuseum. Es ist ein sehr einfacher und schöner Empireschreibtisch mit köstlichen Beschlägen. Berühren ist verboten. Aber ich hatte einmal die Gelegenheit, anläßlich einer vorgenommenen Reinigung, als die Schubfächer herausgenommen waren, in diesen Schubfächern zahlreiche braune Batzen oder Kleckse beobachten zu können. Es waren dies mit Leder überzogene Schubfächer. Diese braunen Flecken an den Innenwänden dieser Fächer verwunderten mich. Woher mögen die gekommen sein? Ich fragte monatelang alle möglichen Leute, die mit der Residenz in der kgl. Zeit noch zu tun hatten, ergraute Lakaien und höhere Höflinge. Ein sehr kompetenter Herr, der seine Laufbahn als junger Historiker und Innenarchitekt noch unter dem Oberstzeremonienmeister Graf Moy begonnen hatte, gab mir endlich eine gründliche Aufklärung, die mir dann auch noch ein Kgl. Bay. Ministersohn bestätigen konnte. Diese braunen Flecken im Schreibtisch des guten Königs waren nichts anderes als Schokoladenbatzen. Und der Baron meinte: »Also, dös hab ich noch von der alten Kammerfrau XY – und übrigens auch von der selten schönen Hofdame YX – gehört, daß König Max I. sehr gern seine Nachkommen von der linken Hand gelegentlich empfangen hat, soweit sie zum Hofstaate irgendwie gehört haben, net wahr, also, soweit sie Kinder von Leinwandbeschließerinnen, von Kammerfrauen, eventuell sogar von Hofdamen oder auch von Bürgermädchen waren; daß er sie also empfangen hat und ihnen dann Schokoladentörtchen aus seinem Schreibtisch zum Geschenk gemacht hat, wo diese Süßigkeiten immer vorhanden sein mußten. – Natürlich hat der kinderfreundliche König auch andere Kinder gern beschenkt, wenn sie in der Residenz ihm plötzlich über den Weg gelaufen sind, auch kleine Prinzen und Prinzessinnen, aber schon auch gelegentlich seine natürlichen Kinder und so weiter und so weiter. Es gab ja, fuhr mein Gewährsmann fort, »es gab ja zu gewissen Zeiten am Bay. Hof eine eigene Allerhöchste Alimentationstabellatur, wo die Höhe der Abfindungssumme jeweils festgelegt war: Eine Hofstabsoffizientin wurde mit 3000 fl. abgefunden, eine Bürgerstochter mit 4000, eine Baronesse mit 6000, wenn ich mich recht erinnere, eine Comtesse mit mindestens 12000, je nach der Erlauchtheit des Adels und so fort. No ja, solche Alimentationstabellen waren auch kein Unglück und keine Despotie. Wenn man bedenkt, daß ein gutsituierter Bürger damals monatlich höchstens sechs fl. für sein außereheliches Kind gezahlt hat, im Jahr also 72 fl., in vierzehn oder sechzehn Jahren dann ungefähr 1000 fl., was ohnehin die normale Abfindungssumme gewesen ist, wenn überhaupt einer was zahlen hat mögen von den Herren unehelichen Vätern, dann war eine Abfindung von 3000 fl. auf die Hand eine Kgl. Anständigkeit. Ganz zu schweigen von den übrigen Vergünstigungen für einen natürlichen Sproß. So einer hat geadelt werden können, hat bei vorhandener Begabung in der Kgl. Kadettenanstalt eine ausgezeichnete Ausbildung erhalten können, hat schließlich als Offizier bzw. als Eisenbahninspektor oder ähnliches ein beinahe standesgemäßes Leben führen können. Und die Maderln sind gut verheiratet worden. Nein, nein, Unglück war dös niemals eins. Im Gegenteil, eine Liaison mit einem Kgl. Bay. Prinzen – oder gar mit dem König selbst – bedeutete generell und durchwegs ein Glück!«

Despoten sind unsere Wittelsbacher niemals gewesen. Ihre Erhabenheit und Leutseligkeit kannte keine Grenzen. Bei aller Menschlichkeit und bei dem oft zitierten Hauszorn, dem Hauptfehler der Bayernfürsten, waren sie gemütliche Naturen. Daß einer wegen vorgebrachter Untreue sofort seine Gemahlin hätte enthaupten lassen, das geschah zum letzten Male bereits im Jahre 1257, als Ludwig der Strenge, auf vagen Verdacht hin, seine Maria von Brabant sofort hat hinrichten lassen. Als sich die Grundlosigkeit herausstellte, stiftete er der Verstorbenen zur Ruhe und ihm zur Buße ein großes Kloster, das Zisterzienserstift Fürstenfeld. »Gott ließ die Tat geschehen und Fürstenfeld erstehen!« – Mit erschütternder Bezüglichkeit müßte der zukünftige Obersthofmeister, oder der Oberstzeremonienmeister, die Titulatur eines Grafen von Fürstenfeld erhalten.

Grausam war auch noch das Urteil des Herzogs Ernst an der ersten Gemahlin seines Sohnes Albrecht, an der Agnes Bernauer. Weil sie bloß eine Baderstochter aus Augsburg gewesen war, ließ er sie, nachdem er seinen Sohn Albrecht weggelockt hatte, in der Donau bei Straubing ertränken. Eine entsetzliche Tat! Albrecht fing daraufhin gegen seinen Vater einen Krieg an. Als regierender Bayernfürst ließ er die Agnes wahrscheinlich nach Kloster Andechs überführen und ihrer beider Töchterlein

verheiratete er später mit seinem Leibarzt. Nun ruhen sie alle drei, samt der zweiten Gemahlin obendrein, in einem Grab auf dem heiligen Berg.
Spätere Liebesgeschichten im Hause Wittelsbach gingen meistens gut aus. Ein Herzog Ferdinand durfte seine Haager Kastnerstochter heiraten und mit ihr sechzehn Kinder zeugen. Dieser Herzog Ferdinand konnte es mit einem bayerischen Heere in der Schlacht von Bonn verhindern, daß die Kölner protestantisch wurden. So daß auch der Satz, der vielgepriesene rheinische Katholizismus verdanke den Bayern seine Existenz, schon seine Richtigkeit hat.
Nach dem Wittelsbacher Hausgesetz kann jetzt schon jeder Prinz jedes Mädchen heiraten. Der Chef des Hauses muß nur die Zustimmung geben. Einen erblichen Adel würde es in dem zukünftigen Bay. Königreich ohnehin nicht mehr geben. Das Königblut des Hauses Bayern würde durch die Wittelsbacher garantiert. Die übrigen hohen und höchsten Titulaturen würden Amtstitulaturen sein. Mit der Aufgabe des Amtes würde auch, mit wenigen Ausnahmen, die Titulatur erlöschen.
Von der Milde und Güte unseres Königshauses könnte man ungezählte Anekdoten erzählen. Wie viele Prinzregentenzigarren werden noch in mancher Familie aufbewahrt wie eine Reliquie! Wie fest überzeugt von der Liebe des Bayernvolkes war noch am Tage der Revolution selbst Ludwig III. Bayernfremde Persönlichkeiten haben denn auch die rücksichtslose Entschlossenheit einer »revolutionären Machtübernahme« Anno 1918 vorgetäuscht, und es ist ihnen obendrein geglückt. Weil eben in Bayern kein Mensch an irgendeine Revolution und königsfeindliche Handlung auch nur gedacht hat. Die Revolution glückte – wie viele Revolutionen – wegen der Friedfertigkeit der Bevölkerung. »Majestät, gehn S' gschwind hoam, gewisse Arbeiter- und Soldatenräte unter einem gewissen Schwabinger namens Kurt Eisner wolln heut die Republik ausruafn!« Es war noch einfacher. Es war brutal einfach. Einer der zahlreichen Aufrufe

und Plakatanschläge der Arbeiter- und Soldatenräte lautete damals bezeichnend: »... dies beschließt der Kgl. Bay. Arbeiter- und Soldatenrat des hiesigen Milchhofes ...«

König Max II. erließ Anno 1850 eine allerhöchste Entschließung, wonach die Infanteristen der Kgl. Bay. Armee, welche das 50. Lebensjahr bereits erreicht hätten, auf Märschen ein Reitpferd benützen dürften.

Milde ging man mit den diebischen Ausleihern der Kgl. Staatsbibliothek um. Eine Verordnung verfügt, daß Bücher, welche Studenten an Trödler und Antiquare verkauften, ermittelt werden sollten und daß dann die betreffenden Händler mit dem mindestens zwanzigfachen Buchpreise bestraft werden müßten. –

Es wäre wieder eine schöne Zeit, die kgl. Bayerische Zeit! Auch die Moderne bekäme wieder einen Glanz, auch die nüchterne Technik leuchtete als Kgl. Bay. noch romantischer, selbst die Bürokratie wäre als eine kgl. Bay. Bürokratie um eine Nuance erträglicher. Allein das Bewußtsein um das kgl. Bay. Dasein würde uns viele Mühen um Nuancen erleichtern, würde uns verträglicher stimmen. Und auf die Nuancen kommt es an in einem Kulturvolk.

»Ja freili, der Kini is a guater Mon, dem mag a jeder!« – Und dann gäbe es auch wieder einen Verdienstorden der Bayerischen Krone, eine Ludwigsmedaille für Kunst und Wissenschaft, eine Prinzregenten-Rettungsmedaille, eine Ludwigsmedaille für Arbeit, einen Michaelsorden für Arbeit, meinetwegen sogar ein Hubertusgroßkreuz für die Großfunktionäre der Arbeit. Die Milde und Güte des Königs leuchtete in allen Herzen. Selbst Steuern würden wir lieber zahlen in einem Königreich.

Monarchie und Telekratie

Nein, nein, nein! Der König hat nicht viel mit der Politik zu tun. Der König ist mehr als der festliche Thronredner und Eröffner eines schwerfällig gewordenen Parlaments.

Selbst das Volk scheint mit dem Parlament nicht mehr ganz zufrieden zu sein. Es schreit bis hin zu den Sozialliberalen nach Volksentscheiden und Volksabstimmungen. Wozu dann noch ein Parlament? – Die demokratische Zukunft gehört wieder den Massen, gehört allen. Und über allen steht uns der König.

Jede Abstimmung wird in nicht mehr ferner Zukunft eine Volksabstimmung sein. Die technischen Hilfsmittel dazu sind vorhanden. Sie werden billiger sein als ein sündteures Parlament mit eingebildeten und sogar »immunen« Abgeordneten, die oft drei Legislaturperioden lang eine Entscheidung vor sich herschieben wie zum Beispiel die Anerkennung und den Botschafteraustausch mit der DDR nebst Tolerierung des Eisernen Vorhanges oder Nichtanerkennung und »Kalter Krieg« nebst Tolerierung des Eisernen Vorhanges. Eine Entscheidung, die jeder einfache Mann auf der Stelle und nach Laune sofort fällen könnte.

Die direkte Demokratie der Massen wird eine Telekratie sein. Täglich von 19 Uhr 17 bis 19 Uhr 37 wird fernsehmäßig abgestimmt. In jeder Wohnung gilt es drei Knöpfe zu installieren: Ja, nein, Enthaltung. Man kann das Abstimmungsergebnis auch mittels des ansteigenden Stromverbrauches ablesen. In Sekundenschnelle können so die harmlosesten Entscheidungen gefällt werden. Wozu noch Gschaftelhuber und Politiker?

Ein König, der Urvater eines Volkes, präsentiert mehr als zehn Bundeskanzler und Ministerpräsidenten. Wer immer sein angestammtes Königshaus liebt, liebt die Freiheit, verehrt den Geist, fördert Kunst und Wissenschaften, unterwirft sich der Gerechtigkeit, will den Frieden. Und er hat noch mehr. Er hat die Freude des Daseins.

Ein bayerischer Monarchist sagt: »Seid's lustig, Leit, die Traurigen müaßn aa sterbn. Und die Traurigen, die wo koan schwermütigen Kini von Bayern habn, die sterbn ehnder. Weil a Lebn ohne Kini is a Lebn ohne Liab.«

Jedes Leben braucht Höhepunkte, Festivitäten, damit es ein glänzendes Leben genannt werden kann. Aller Glanz aber geht von der Krone aus. Man sagt ja auch: Einer Geschichte »die Krone aufsetzen«, oder: Dem Ganzen fehlt noch die Krone.

Darum feiern wir Bayern die Feste, wie sie fallen. In dieser Festesfreudigkeit spüren wir deutlich die historische Kontinuität, das ewige Fortbestehen unseres Königtums.

Die Feuerwehrfahnenweihen, die Veteranenbälle, die Schlittagebälle, die Hochzeitszüge, die Kindstaufen und Trauermähler, über allen diesen Festlichkeiten in unseren Pfarreien steht als geistlicher Schirmherr der Herrgott mit seinen Heiligen und als weltlicher der König mit seiner Familie.

Welch innige Freudigkeit einer herzlichen Frömmigkeit zeigen doch die Wallfahrten von Mitgliedern des Königshauses. Wie der Kurfürst von Köln zum Beispiel mit seinem Bruder, dem Kurfürsten von Bayern, zusammen gewallfahrtet ist von München nach Altötting. Es war dies ein wochenlang vorbereitetes Volksfest. Alle Hofmarken, die die königlichen Wallfahrer berührten, schmückten ihre Straßen, banden Girlanden, stellten Marienbilder auf, mähten romantische Wiesenwege, besserten manch altes Steiglein über Bächlein und Gräben aus. Und als dann endlich die allerhöchsten Herrschaften daherbeteten, gefolgt von einer vielzähligen Nobilitas – Anno 1763 sollen es insgesamt 260 Personen gewesen sein: Lakaien und Vorreiter, Kutscher und Leibärzte, Grafen und Komtessen, Prälaten und Mönche, Beichtväter und Hofdamen, Kavaliere und Hofmeister, Zeremonienmeister und Musiker und so weiter – als dieser erhabene Wallfahrerzug daherklingelte, war es, als zöge ein allerliebstes Märchen durch die altbayerische Landschaft: Die Fürsten beten durch ihr Land. Die Bauern und Bäuerinnen, die Dorfpfarrer und Ministranten, die Jungfrauen und Burschen, die Mädchen und Buben, die Kinder und Greise, sie alle standen Spalier und beteten laut den Rosenkranz mit. Das Bayernvolk stand Spalier von München bis zur Heiligen Kapelle in Altötting! – O Maria Hilf!

Und erst die Überführung der Herzen der verstorbenen Wittelsbacher von München nach Altötting. Die Herzen der Könige Bayerns werden nämlich in silbernen Urnen in der Gnadenkapelle beigesetzt. Und sie werden wie ein Sanktissimum in großer Prozession von der Residenz in München nach Altötting getragen. In jeder größeren Kirche wird mit dem geliebten Königsherz, das immer Priester tragen, eine kurze und andächtige Rast gemacht. Wieder stehen die Leute Spalier, wieder salutieren die Kgl. Landgendarmen und die übrigen Honoratioren. Eine Ehrenkompanie marschiert voraus. Eine Militärkapelle intoniert zwischen den Sterberosenkränzen Trauermärsche. Lange im Volke blieb die Transferierung des Herzens König Max des Vielgeliebten in der Erinnerung. Des toten Königs Herz zieht segnend durch das Isengäu. Es weint das Volk. O Maria Hilf! –

Wie würden den zukünftigen Computermenschen derartige Zeremonien wohltuend zu Herzen gehen! Der Mensch braucht Frömmigkeit und heilige Freude. In Bayern gleich gar! Denn kurz sind unsere Tage auf dieser Welt. »Ehwenn ma se umschaugt, ehwenn ma se bsinnt, vertrenzt ma sei Lebn, als vertragerts der Wind!« Du Ludwig, Max und Otto, du Luitpold, Rupprecht, Albrecht, Franz, ihr lieben Könige eines lieben Landes, geh, seids so gut und bleibts unsere Könige! – Laß dich wieder krönen im Liebfrauendom zu München! Du König der Bayern!

Bayern, das älteste Königreich Europas

Mittlerweile wissen wir, daß die Bajuwaren schon im 5. Jahrhundert in diese freundliche Gegend zogen, wo sie seitdem ununterbrochen leben dürfen, und daß sie um 500 bereits Regensburg zu ihrer neuen Hauptstadt gemacht haben. Sie waren ein souveränes Volk wie die Langobarden oder die Burgunder oder die verwandten Nachbarn, die Schwaben und Franken. Chlodwig hatte weder die Burgunder noch die Schwaben besiegt, da waren die Bayern ein Volk um ihren Herzog, ein Volk um ihren König. Bei den germanischen Stämmen hieß der König eben Herzog. Bei den Langobarden kam – durch die Nachbarschaft mit dem römischen Papsttum – bald der Königstitel wieder zu Ansehen. Ähnlich war es bei den Goten und später auch bei den Burgundern.

Mit Recht spricht man als bayerischer Historiker von einem agilolfingischen Königtum. »Tassilo, zuerst Herzog, dann König, zuletzt aber Mönch« heißt die überlieferte Grabinschrift des letzten agilolfingischen Herrschers, des Vetters Karls des Großen, der den Verwandten vom Königsthron gestoßen und in ein Kloster gesteckt hatte.

Über drei Jahrhunderte hindurch herrschten und repräsentierten die Agilolfinger in Bayern. Wir kennen beinahe alle diese Königsnamen. Welch andere europäische Nation lebt seit 1500 Jahren ununterbrochen in demselben Staat? Von Garibald I. bis zu König Ludwig III. – bis zu Albrecht und Franz.

Und wäre es nicht denkbar, daß in den Wittelsbachern agilolfingisches Blut fließt? – Ist die Geschichte der Grafen von Scheyern nicht in ein tiefer gründendes Dunkel gehüllt? Waren sie nicht sehr früh schon Vögte der Freisinger Bischöfe? Der Freisinger Domberg war zu des heiligen Korbinian Zeiten eine agilolfingische Königspfalz. – Die Souveränität des erlauchten und angestammten bayerischen Königshauses bedarf keiner genealogischen Konstruktion.

Uralt ist das bayerische Königtum. In Cuvilliés' Ahnengalerie der Wittelsbacher in der Residenz können wir in vergoldeten Stuckrahmen die prächtig gemalten Köpfe der Regenten der alten Noricer-Boier und späteren Boarier bewundern. Theoderich der Große ist darunter und Karl, Oatilo und Tassilo, Arnulf der Böse und Heinrich der Zänker, Heinrich der Heilige, Otto von Wittelsbach und Ludwig der Bayer, Ludwig I. und Ludwig II. Zu den Ahnen werden lieber als manch unbedeutende Brüder die großen Vettern gerechnet. Dazwischen glänzen als seltene Schönheiten die Mütter und Ahnfrauen des bayerischen Hauses: die heilige Kunigunde und die Margarete Maultasch, Ludmilla von Bogen und Margarete von Holland, Renate von Lothringen und Kunigunde von Polen. Man ist verwandt mit allen Königen Europas, und die Töchter der bayerischen Fürsten heiraten auf alle Throne, werden Königinnen von Frankreich und Ungarn, von Böhmen und Schweden, werden Kaiserinnen des Hl. Römischen Reiches, Kurfürstinnen und Herzoginnen. Das Herrscherblut der Potentaten von Jahrtausenden fließt immer wieder zusammen. In der Lex Baiuvariorum ist neben den Agilolfingern von noch fünf hochadeligen Geschlechtern die Rede, von den Huosi, den Hahilinga, den Fagana, den Drozza und den Anionen. Weder das fränkische noch das alemannische Recht nennt ihre fürstlichen Familien. Die Lex Baiuvariorum universorum gentis eiusdem primariorum ... kennt bereits eine ständische Organisation, eine Art Verfassung und teilt die Bevölkeurng ein in: das Königliche Haus der Agilolfinger, in die fünf vornehmen Familien, in die Priester und Richter, in die Freien und »Frilazi« (die Freigelassenen) und in die Knechte. In 23 Titel ist das ganze Werk aufgegliedert. Die ersten sechs Titel beschreiben das Recht der sechs bayerischen Stände, die folgenden 17 Titel stellen ein Straf-, Prozeß- und Privatrecht vor.

Ein Vergleich mit dem »Pactus Legis Salicae«, dem ältesten Recht der Salfranken, beweist durchaus die Selbständigkeit und Originalität des bayerischen Rechtes, das der erste Abt von Niederaltaich, Abt Eberswind, aufgezeichnet haben soll – und zwar im Auftrag seines Herrn, Herzog Oatilos, um 731.

Die Nähe der Königspfalz zu Osterhofen, es sind nur zwölf Kilometer bis dorthin, mögen ihn bequem in die Lage versetzt haben, an Gerichtstagen teilzunehmen, alte Sprüche zu sammeln und dem Herkommen und den Rechten der Adeligen und der übrigen Stände nachzuspüren. Eberswind war selbstverständlich in der Justiz und »Verwaltung« seines Stammes, der Westgoten, erfahren und kannte von seinem Mutterkloster Reichenau her auch das alemannische Recht. Daß er ein Westgote gewesen sein soll, glaubt man aus seinem Namen schließen zu dürfen. Lediglich aus dieser Vermutung schließt man auf westgotische Spuren im Rechte der Bayern – und wegen seiner Aussendung durch den heiligen Abt Pirmin von Reichenau vermutet man auch alemannische Einflüsse in der Lex Baiuvariorum feststellen zu können. – Welch müßige Spekulationen um die Originalität der europäischen Provinzen am Anbeginn des christlichen Abendlandes! War die Urbevölkerung nicht überall keltisch gewesen? Haben sich nicht genug keltische oder gälische Observanzen durch die Zeit der egalisierenden Römerherrschaft erhalten? Und hatten nicht überall in Europa die militanten Germanenvölker die politische Herrschaft an sich gerissen? Fand nicht im Lauf der ersten Jahrhunderte in allen europäischen Provinzen eine völkerversöhnende Vermischung statt? Waren die Fürstenhäuser nicht durchweg alle miteinander verwandt? Die Ostgoten und die Wandalen, die Alemannen und die Burgunder, die Franken und die Noricer-Räten-Boier, später auch Boarier geheißen, die Hermonduren und die Rugier, die Langobarden und die Sachsen? – Sogar slawische Stämme treten bereits auf.

Wenn gerade die Historiker des offiziellen Lehrstuhls für bayerische Geschichte sich fortwährend um die Beweisführung der fränkischen Oberherrlichkeit über die

Bayern bemühen – als opportunistische Stützer eines kleindeutschen Zentralismus und im Schatten der befangenen preußischen Geschichtsschreiber des vorigen Jahrhunderts –, tut das einem aufrechten und königstreuen Bayern und Europäer weh. Natürlich sind wir alle miteinander verwandt und können ähnliche Traditionen feststellen, ähnliche Wortstämme in den germanischen Sprachen oder Dialekten. (Wie nah verwandt beispielsweise klingen manch bayerische und englische Worte und Laute heute noch, wie ähnlich gotische und nordische wie etwa »kema« und got. »quemjau« und »keman« und »came« und »kommen« oder »gekommen« et cetera? Oder der »Foam« des Bieres und das englische »foam«?)
Aber nun etwa in sich selbst widersprüchlich zu behaupten, daß die ursprünglich romanisierten Boier im 7. und 8. Jahrhundert ihre ladinische Sprache verdrängt hätten und die germanische Sprache der oberherrlichen Karolinger angenommen hätten, ist eine allzu opportunistische Lächerlichkeit. Denn: die Franken verleugneten umgekehrt ihre germanische Sprechweise und wurden Romanen, sprachen französisch schließlich. Man vergleiche den Vertrag von Verdun in seiner altfranzösischen Fassung mit der althochdeutschen oder mit den besonders in Bayern geschriebenen ältesten deutschen Sprachdenkmälern!
In Bayern also hat man im Laufe der Zeit nicht mehr lateinisch, sondern bayerisch gesprochen, in Frankreich aber französisch. Demnach hat es doch Boier oder Boiarier, auch Bogotavii oder Bajuwaren gegeben. Mag es in der Vita des hl. Columban – aus der Mitte des 7. Jahrhunderts – heißen: »Boiae, qui nunc Baioarii vocantur«, »Boier, die nun Baiern geheißen werden«, so kommt der Name Boier doch nicht von den hier ansässigen Kelten, denn die hießen ja Noricer bis zum Inn. Und westlich des Innflusses lebten die Rätier. Das keltische Boierreich dehnte sich in Böhmen aus, ehvor dort die Markomannen ihren Vielvölkerstaat errichteten. Womit wieder die Katze auf den alten Füßen springt, daß man

unter »Boier« die aus Markomannen, Ost- und Westgoten, Wandalen und Hermonduren, Boiern und Langobarden und noch anderen Stammesgruppen zusammengewürfelten Völkerschaften zu verstehen habe, die, eigenwillig und weniger wanderlustig, lieber im fruchtbaren Böhmen sich niederließen, als daß sie zwischen Osteuropa und Spanien oder Italien hin und her zogen und in den Provinzen des römischen Reiches fortwährend militärische Störaktionen durchführten. Die keltischen Boier waren natürlich zahlenmäßig überlegen in diesem markomannischen Vielvölkerstaat.
Dieser friedliebende Markomannenstaat währte immerhin an die vierhundert Jahre, und es regierten bald die alemannischen Markomannen, bald die Goten und bald die anderen Stämme. Auch slawische Stämme mischten bereits mit. Man hat sich im Lauf dieser böhmischen Jahrhunderte verträglich zusammengefunden und mit der keltischen Urbevölkerung, mit den Boiern, die ja mit den Noricern und Räten ohnehin seit Jahrhunderten vor der Römerzeit in gut nachbarlichen, ja eng verwandten Beziehungen lebten, mit diesen Boiern hat man sich ebenfalls arrangiert, man hat schließlich gar den Namen Boier angenommen, später nach der neuen Staatsgründung in Regensburg als Volks- und Staatsnamen.
Mit den Namen der Völker hat es immer seine eigene Bewandtnis. Die historischen Herren Professoren beachten das zu wenig. Seit wann etwa gebraucht man den Terminus Deutschland? Oder Alemannien? Oder Germany? Seit wann ist die ideale kleineuropäisch-preußische Bezeichnung »Heiliges Römisches Reich Deutscher Nation« im Schwunge? Hat es vordem nicht nur ein »Römisches Kaisertum« gegeben, ein gesamteuropäisches und ohne deutsche Führung? Inwieweit durfte sich der König von England oder Frankreich um die Kaiserkrone Rechtens bemühen? – Seit wann gibt es ein Österreich? Seit wann ein Belgien? Seit wann eine DDR und eine BRD? – Eine UdSSR, einen Irak und ein Persien, »die« USA und so weiter?

Etliche Boier rückten über Mähren südlich in den Wienerwald vor, das ist belegbar, denn dort kam es in der Zeit des Abzugs der germanisch-römischen Soldtruppen zu einzelnen Gefechten. Ähnlich bezogen »Markomannen-Boier«-Truppen (es waren dies immer noch »Familientruppen«, das heißt, die Nichtrömer, die Kelten und Germanen zogen mit ihren Familien in den Krieg) die geräumte Donau-Limes-Stellung, rückten den abziehenden Westgoten nach, die hier unter römischem Sold gestanden hatten. Allmählich richtete man sich auch in den römischen Villen und Städten ein. Immer mehr Boier kamen nun an die Donau, und entlang den Römerstraßen durchstreiften sie Noricum und Teile Rätiens. Eine gute Generation später rückten die vorigen Nachbarn, die Langobarden, aus dem Osten nach, durchzogen das Land der Boier und drängten ins Innere des römischen Reiches, siedelten in Oberitalien. Denn nach Böhmen und Mären kamen jetzt aus dem Osten die Slawen. Einige dieser Slawenstämme lebten bereits friedlich mit den Markomannen-Boiern zusammen und waren möglicherweise mit den Boiern nach Noricum und Rätien gezogen. Jetzt errichteten die Awaren bald ein kräftiges Reich. Andere Slawenstämme übten in den verlassenen Landschaften Böhmens die Herrschaft aus.

Diese Vorfälle dauerten beinahe ein Jahrhundert, wenn nicht noch länger. Es sind die Zeiten ähnlich unruhig wie zwischen 1914 und 1945/46. Von der K. u. K. Monarchie über die Tschechoslowakei zum Protektorat und zur CSSR! – Man hatte die Hunnenstürme zu überstehen, den Aufstieg des Ostgotenreiches und die letzte Größe Roms in den Siegen des oströmischen Weltreiches Justinians. Und dann kommen plötzlich in Gallien die Franken zu Ansehen. Von dem rabiaten Chlodwig werden die Alemannen und die Burgunder besiegt.

Aber doch viel näher als die Frankenfürsten, die nach dem Tode Chlodwigs und Chlothars ihr Reich dreigeteilt hatten, in ein Austrasien mit der Hauptstadt Reims, in ein Neustrien mit der Hauptstadt Paris und in ein

Burgund mit der Hauptstadt Orleans, wo jeweils Hausmeier regierten und sich gegenseitig wütend bekriegten, viel näher stand um diese Zeit den Bayern der oströmische Exarch in Ravenna und der Patriarch von Aquilea. – 561 geschieht diese Aufteilung des Frankenreiches, und bis etwa 570 ist der Exarch der Herr Italiens, wenngleich nun Pavia, die Hauptstadt der Langobarden, immer spürbarer die Residenzstadt des wirklichen Machthabers wird. Bis schließlich hundert Jahre später beide von Rom überflügelt werden durch das Bündnis des Papstes mit den Franken.

Jedenfalls entsteht bei den Bayern im 5. und 6. Jahrhundert eine eigene Kultur, die nicht von Haus aus römisch-christlich, sondern sich als von Ravenna und Pavia beeinflußt erweist. Man benützt zum Beispiel nicht das Latein des hl. Kirchenlehrers Hieronymus, man gebraucht beim Messelesen nicht dessen Vulgatabibel, sondern hat eine eigene Bibel in Bayern. Im Codex Milenarius, der in Kremsmünster aufbewahrt wird, können wir den Unterschied zwischen Vulgata und Bayernbibel deutlich studieren. Man hat im Agilolfingerreich ein eigenes Mönchtum, das sich mehr nach dem hl. Kolumban orientiert und noch nicht nach dem hl. Benedikt. Und man ist von Haus aus wahrscheinlich ohnehin arianisch gewesen; man wird von zahlreichen Iroschottenmissionaren heimgesucht, und dann kommen selbstverständlich auch fränkische Apostel nach Bayern. Letztere mehr als Agenten zugleich auch der weltlichen Frankenmacht. Denn mittlerweile funktioniert das Bündnis zwischen Papst und fränkischer Großmacht.

In dem langobardisch-ravennatisch-bayerischen Kulturraum, in dem wir ambrosianisch-augustinische Geistigkeit und oströmische Liturgienfreudigkeit spüren, sang man auch nicht den gregorianischen Choral, sondern hatte eigene Kirchenmelodien. Im Reiche Karls des Großen sollte es dann bald nur noch eine Reichsbibel geben, die Vulgata, ein Reichsmönchtum, die Benediktiner, und eine Reichs-Kirchenmusik, den gregorianischen Choral. Mit unerbittlicher Strenge prüfte Karl die Bischöfe und Äbte, ob sie diesen Choral auch singen könnten, und wehe, wenn sie ihn nicht konnten! Er enthob sie auf der Stelle ihrer Ämter und Würden. Und woher stammte dieser Karl? Wurde er nicht in Gauting bei München geboren? Auf der Reißmühle, als Sohn einer bayerischen Prinzessin?

Erst 687 gelingt es dem Hausmeier Austrasiens, einem gewissen Pippin, Sohn oder Enkel eines ungewissen Arnulfs von Metz, zum Hausmeier des gesamten Frankenreiches zu anvancieren. Und es gibt Gründe, auch diesen Arnulf als einen Agilolfinger zu erkennen. Die Umrisse eines fränkischen Großreiches in Europa werden langsam sichtbar. Wenngleich es noch etliche Rückfälle und Palastrevolutionen gibt: Pippin schickt seinen Bruder Karlmann in ein römisches Kloster, und vordem bereits befreit Karl Martell sich aus der Gefangenschaft seiner ehelichen Brüder. Und dann läßt Karl seinen älteren Bruder Karlmann sterben und wird Karl der Große.

Aber erst 743 muß der Bayernfürst Oatilo dem Frankenkönig Pippin, dem Vater Karls des Großen, auf dem Lechfelde als Vasall huldigen. Freiwillig hat Oatilo das nicht getan. Er war von Pippin dazu gezwungen worden, von seinem eigenen Schwager, denn Oatilos Gemahlin Hiltrud war die Schwester Pippins.

Es ist müßig, ja es führt zu Fehlschlüssen, wenn man aus den Verwandtschaftsbeziehungen der Fürstenhäuser Europas Rückschlüsse auf die tätsächlichen Machtverhältnisse zieht. Immer wieder wird das jedoch von berufenen Historikern getan! – Aber war nicht Kaiser Wilhelm II. ein Enkel der Königin Victoria von England, und doch kam es 1914 zum Kriegseintritt Englands? Wie nah war Zar Nikolaus mit den deutschen Fürsten verwandt? Beinahe mit allen war er verwandt. Und doch brach der Erste Weltkrieg aus. Wie sehr bekriegten sich in den bayerischen Erbfolgezwisten oft die Wittelsbacher untereinander? Verwandtschaftliche Beziehungen sagen über die Souveränität oder das Vasallentum eines Volkes nichts

aus, noch weniger als die elegante Wendung eines Heiligenlegenden verfassenden Mönches.
Die Lex Baiuvariorum, zunächst aufgezeichnet durch Abt Eberswind von Niederaltaich, ist keineswegs in Paris abgefaßt worden. Obschon wir wissen – aus dem Prozeß des Tyrannen Karl über Tassilo –, daß jener, als dieser nach seinem bayerischen Gesetze gerichtet werden wollte, nach dem ihm nichts hätte passieren dürfen, daß daraufhin Karl sagte: »Gut, du sollst nach deiner Lex Baiuvariorum Gerechtigkeit erfahren, aber vorher wollen wir dieses Bayernrecht noch mit etlichen Paragraphen und Artikeln anreichern.«
Dieser Ausspruch Karls ist verbürgt in den Annales Laurissenses und in den Annales Nazarinani, die beide unmittelbar nach der Absetzung Tassilos niedergeschrieben worden sind, also einem historischen Augenzeugenbericht gleichkommen.
In der nun folgenden »karolingischen« Zeit in Bayern wurden die Leges Baiuvariorum natürlich mehrfach geändert. Unüberhörbar bleibt der Satz von der angestammten bayerischen Königswürde. Im dritten Titel heißt es nämlich: »Sie, die bayerischen Herzöge, sollen immer aus dem Geschlechte der Agilolfinger sein, weil doch unsere königlichen Vorfahren ihnen die Herrschaft abgetreten haben.« (»Ille semper de genere Agilolfingorum fuit et debet esse, quia sic reges antecessores nostri concesserunt eis.«)
Daraus geht eindeutig hervor, daß es von Haus aus bayerische Könige gegeben hat. War diese Würde nun vor den Agilolfingern im Besitz der Familie der Aribonen oder in jener der Fagana? Eine ebenfalls müßige Frage, denn die Geschlechter kommen und gehen und sind miteinander alle verwandt. – Es hat vor den Agilolfingern schon ein bayerisches Königshaus gegeben. Demnach sind wir das älteste von Königen regierte und präsentierte Volk Europas? – Gott mit dir, du Land der Bayern unterm Himmel weiß und blau! –
Als das Reich Karls des Großen nach kaum dreißig Jah-

ren wieder zerfiel, gab es etliche Karolinger, die sich »Könige der Bayern« nannten und in Regensburg residierten. Zum Beispiel Ludwig des Frommen Sohn Ludwig, von Historikern nach tausend Jahren dann »Ludwig der Deutsche« genannt. – Sein Kanzler ist wieder ein Abt von Niederaltaich, und in den Verträgen von Verdun und von Mersen fällt Ludwig das ganze ostfränkische Reich zu. Seine Königin, die hl. Hemma, stammt aus dem schwäbisch-bayerischen Geschlecht der Welfen. Ihre Tochter Irmingard wird Äbtissin von Frauenwörth im Chiemsee.

Auch sein Sohn Karlmann urkundet öfters als »König der Bayern«. Am liebsten hält er sich in Altötting auf. Karl dem Dicken folgt endlich Arnulf von Kärnten, der sich in Regensburg, in der Hauptstadt seines bayerischen Königreiches, als deutscher König huldigen läßt.

Die bayerisch-langobardisch-ravennatische Kunst blüht weiter und wieder in der »karolingischen Rennaissance«. Denn Reichtum und Vielfalt Europas läßt sich selbst von zentralistischen Tyrannen nicht länger denn etliche Jahre unterdrücken. Die europäischen Observanzen nehmen nun wieder zu und machen Europa zu einer unermeßlichen Quelle von Ideen. Viel Köpf, viel Sinn! – Die Provinzen Europas preisen denselben Gott in hundert verschiedenen Weisen und mit tausend verschiedenen Zungen. Dieser Reichtum darf nie unterdrückt werden. Zentralisten sind keine Europäer.

Die konstitutionelle Monarchie

Wäre Graf Mirabeau, einer der gemäßigteren Inszenatoren der Französischen Revolution, nicht nach einem ungemein kalorienreichen Abendessen, das er in der liebenswürdigen Gesellschaft von zwei jungen Tänzerinnen ausgiebig genossen hatte, plötzlich verstorben, die Idee der konstitutionellen Monarchie, als der glücklichsten Staatsform in einem zukünftigen starken und friedlichen Europa, wäre zunächst nicht so ungeschickt und klanglos begraben worden. Die Schriften Mirabeaus über den Konstitutionalismus wurden im 19. Jahrhundert viel zuwenig beachtet. Die Könige der Restauration verteidigten mit schlechtem Gewissen ihren Völkern gegenüber einen aufgeklärten Spätabsolutismus. Ihre Minister, anfangs den widerwillig gestatteten Parlamenten nicht einmal verantwortlich, erblickten in den Volksvertretern eher Staatsfeinde als mitregierende Patrioten, als gewählte Volkssouveräne im Namen des Königs. Das Königtum hätte sich fortschrittlich und in herzlicher Verbundenheit den Parlamenten anvertrauen dürfen. Wie umgekehrt Volksvertreter, die zugleich im Namen des Königs auftreten können, eine berufenere Gewalt bestätigt erhalten als nur gewählte und von einem Präsidenten verpflichtete. Die Herren Minister wären ohnehin Kgl. Minister gewesen.

Die Parteiendemokratie ist unendlich schwierig, kostspielig und langatmig geworden. Sie funktioniert in ihrer Kompliziertheit kaum noch. Sie ist nicht mehr berechenbar. Ein Großteil der Gewalt dieser »repräsentativen Urdemokratie« oder plebiszitären Präsidialdemokratie liegt in den Händen tüchtiger Parteimanager; ein anderer Großteil dieser Gewalt wird in den Redaktionsstuben der Massenmedien täglich in Sendeminuten und Druckzeilen ausgehandelt. Und von den tausend politischen Disziplinen, die es mittlerweile gibt – neben der Volksschul- und Vorschulpolitik, der Rundfunk- und Fernsehpolitik, der Hochschul- und Universitätspolitik, der Berufsschul- und Umschulungspolitik, der Krankenhaus- und Leistungssportpolitik, der Renten- und Krankenkassenpolitik, der Denkmal- und Umweltschutzpolitik, der Kirchen- und Landschaftsschutzpolitik und so weiter und so weiter – neben all diesen politischen Disziplinen in einer Demokratie ist und bleibt die wichtigste: die »Personalpolitik«. Die Personalpolitik verbraucht in einer plebiszitären absoluten Demokratie neunzig Prozent der gesamten Energie des einzelnen und der Apparate.

Schon aus diesem Grunde sollte es in Bayern wieder eine wenigstens nominelle Obrigkeit geben. Die konstitutionelle Monarchie hat selbstredend mehrere Spielarten. Es kann die administrative Gewalt vom König ausgehen und vom Parlament nur kontrolliert werden mittels der Bewilligung des Haushaltes. Und es kann eine simple aber immerhin königliche Präsidialdemokratie mit einem »Präsidentenkönig« an der repräsentativen Spitze sein.
Für Bayern wäre selbstverständlich eine klassische Konstitution am idealsten mit einer vom König ernannten Regierung. Da gäbe es dann wieder ein Ministerium Abel oder ein Ministerium Lutz, ein »Lolaministerium« oder ein Ministerium Podewils. Und das Kgl. Bay. Fernsehen würde beispielsweise in aller Ruhe und ohne jegliche Aufregung zu berichten wissen: »... Berchtesgaden. Seine Majestät hat den Professor der Philosophie Max Josef Rüderer aus Passau heute auf eine Gamspirsch im Revier des Funtensees allergnädigst eingeladen. Man sieht die ehrenvolle Einladung dieses bis jetzt ziemlich unbekannten Passauer Professors im Zusammenhang mit dem Rücktritt der Regierung Michael Schexmeiers, die gestern abend erfolgt ist, da der Haushalt des Kabinetts Schexmeier vom Kgl. Bay. Parlament im Maximilianeum mit drei Stimmen Mehrheit abgelehnt worden ist. Unserer Kgl. Bay. Reporterin ist es unter großen Strapazen gelungen, mit ihrem Fernsehteam bis in die Nähe der Funtenseehütte vorzudringen, und sie konnte dort wenigstens mit dem Kgl. Oberleibjäger Otto Angerer ein paar Worte sprechen.«
Der Film zeigt nun die herrliche Bergwelt und in der Ferne die Funtenseehütte. Der Kgl. Bay. Oberleibjäger kommt mit zwei prächtigen Jagdgewehren ins Bild. Er bleibt stehen und ladet die beiden Büchsen und spricht dabei in die Kamera. »Ja mei, i woaß gar nixn. I konn nur sovui sagn, daß Seine Majestät den Professor schon zwoamal hat zum Schuß kemma lassn und daß der Professor aber a jedsmal schlecht abkemma is, obwoi daß i eahm heit früah bereits a ganze Stund lang dös

Gamseischiaßn glernt hab. – Der Mo hat koa ruhige Hand. I wuil nixn gsagt habn, aber i moan, daß dös nix werd. D'Majestät hat scharfe Augn auf der Gamspirsch ...« Der Oberleibjäger verschwindet aus dem Bild. Und der Kgl. Bay. Unterleibjäger Alois Gleixner schüttelt den Kopf: »I woaß nix!« –

Eine harmlose kgl. Bay. Regierungskrise, wie wir sie alle drei, vier Jahre erleben können. Niemand denkt sich was dabei, denn Seine Majestät und die Kgl. Herren Abgeordneten werden das Landl schon brav regieren.

Majestäten oder Prinzregenten haben schärfere Augen als ehrgeizige Manager politisch einander verfeindeter Parteien, als in Personalpolitik ganz und gar verstrickte politische Draufgänger. Wenn es feststeht, daß ohnehin kein Parteipolitiker ein Kgl. Bay. Minister werden kann, dann wird der Kampfgeist und der rabiate Umgang innerhalb der Parteikörper rasch abnehmen. Allein dadurch wird die weißblaue Welt wieder gemütlicher werden.

Vom Könige ausgewählte Kapazitäten und integre Verwaltungsfachleute würden die Ministerien ordentlicher leiten als machtbesessene Allerweltsbosse, die heute in einer konservativen Partei Kultusminister und morgen in einer sozialistischen Partei Verkehrsminister sein können und dürfen. Dem »souveränen« Volk fällt das nicht auf, es wählt den »bewährten« Mann wieder, da er gute Arbeit geleistet habe, wie die Presse eindeutig bestätigt.

Mit welch altmodischer Menschenkenntnis und Delikatesse haben die Könige früher ihre Ministerpräsidenten ausgesucht. Man hatte eine geheime Kandidatenliste, welche die allerwürdigsten und fleißigsten, die allergewissenhaftesten und großzügigsten, die allergescheitesten und entschlossensten Talente des Vaterlandes aufführte. Und trotzdem hörte man noch herum, ließ heimliche Gutachten über neugerühmte Persönlichkeiten einholen, befragte Professoren und Lehrer, Priester und Gastwirte, Bürgermeister und Damen der Gesellschaft, hörte auch den gemeinen Mann. Und immer noch war der König nicht überzeugt. Man ließ die Kandidaten der engeren Wahl unauffällig beobachten. Schließlich wurde der angehende Ministerpräsident zur Tanzteestunde der Königin eingeladen oder gar auf die Hofjagd befohlen.

Berühmt ist die Geschichte der Erwählung des neuen Bischofs von Speyer 1911 durch Prinzregent Luitpold. Damals hatten die bayerischen Könige auch noch das Recht, die Bischöfe Bayerns selber dem Papst zur Ernennung vorschlagen zu dürfen. Man schwankte noch zwischen drei ausgezeichneten Professoren der Theologie. Der Regent entsandte nun seinen braven Kabinettsekretär in aller Heimlichkeit zu den drei gelehrten Priestern, mit dem Auftrage, die Herren jeweils unbeobachtet beim Messelesen zu studieren, ob sie auch fromm genug wären. Der Abgesandte des Königs nahm daraufhin auch an einer gewöhnlichen Werktagsmesse des Exegeten Professor Faulhaber teil. Der feierliche Vollzug der Zeremonien durch den jungen Professor auch während einer einfachen Messe imponierte dem Königsboten, und so wurde Faulhaber Bischof von Speyer und später Kardinal und Erzbischof in München.

Ein König in einer konstitutionellen Monarchie ist nicht zu vergleichen mit einem einfachen Staatspräsidenten. Ganz bestimmt nicht im Repräsentieren eines Volkes. Er kann Urkunden ausstellen und Urkunden entgegennehmen, Staatsbesuche empfangen und geben. All diesem Aufwand fehlt die königliche Würde. Der betonten Schlichtheit moderner Staatsbürgerrepräsentation fehlt die Noblesse, und sie wirkt leicht prätentiös, hat nichts von der kgl. Bay. legeren Art.

Der letzte bayerische König Ludwig III., während des Weltkrieges ohnehin als ein protokollarischer Befehlsempfänger des kaiserlichen Berlin mißbraucht, hat die Sparsamkeit Kgl. Bay. Repräsentanz auf die Spitze getrieben. Und doch ist er ein König gewesen! Schon die Krönungsfeierlichkeiten vom November 1913 im kleinen Thronsaal der Residenz stellen nicht viel mehr dar als eine Eidesleistung auf die Verfassung. Zwar kommt es noch am 12. November zu einer feierlichen Auffahrt des Königs zum Pontifikalamt im Dom und anschließend zur Huldigung der Stadt München vor dem Rathaus und zur Huldigung des Landes in der Residenz, aber gerade diese etwas dürftigen Zeremonien verraten ein bißchen das schlechte Kgl. Bay. Gewissen dieses Ludwig III. Er hätte nämlich nach dem Tode seines Vaters, des Prinzregenten Luitpold, des Königreiches Bayern Verweser, auch nur Prinzregent werden dürfen, auch nur des Königreiches Bayern Verweser, denn der eigentliche Bayernkönig Otto – wenngleich hoffnungslos schwermütig, ja wahrscheinlich sogar geisteskrank, jedenfalls regierungsunfähig – war noch am Leben und residierte in Schloß Fürstenried, wie in einem abgeschlossenen Kgl. Bay. Privatsanatorium. König Otto hatte viele »normale«, beinahe regierungsfähige Tage gehabt! – Prinzregent Luitpold hatte darum nie nach der Krone gegriffen, obschon er alle Rechte der Krone wahrgenommen hatte, obschon er alle Dienstgeschäfte des Königs verrichtet hatte. Sein Sohn Ludwig nun, zunächst automatisch auch Prinzregent für König Otto, griff sofort nach der Krone, ließ den Landtag aus persönlichen und »sachlichen« Gründen eine Verfassungsänderung bewerkstelligen, und der Krönung stand nichts mehr im Wege. Die damaligen Kgl. Bay. Sozialdemokraten unterstützten Ludwig. König Otto wurde für abgesetzt erklärt, obschon er noch vier Jahre lang in Fürstenried gelebt hat. Das bayerische Legitimitätsprinzip in Thronfragen empfindet dergleichen Verhalten als empörend. In Bayern kann kein König abgesetzt werden – auch nicht, wenn er hoffnungslos geisteskrank ist. Dafür haben wir die Möglichkeit eines die Regentschaft führenden gesunden Prinzen. Auch ein kranker Kronprinz darf nicht übergangen werden. Daher kann es vorkommen, daß manchmal gleich 28 Jahre lang ein Prinzregent über Bayern herrscht. Und die Kgl. Weiheformel dann allerdings langatmig heißt: »Im Namen Seiner Majestät des Kö-

nigs bzw. Seiner Kgl. Hoheit des Prinzregenten, des Königreichs Bayern Verweser, ergeht folgendes vom bayerischen Reichstage verabschiedete Gesetz ...«
Ansonsten war König Ludwig III. ein Ehrenmann. Er hätte nur nicht so zaghaft königlich auftreten sollen in den Tagen der Mobilmachung Anno 1914. – Kein einziger deutscher Fürst hatte es damals gewagt, entgegen der allgemeinen Kriegsbegeisterung, seine Stimme zugunsten des Friedens zu erheben. Alle benahmen sich wie Vasallen, nicht wie Bundesgenossen des deutschen Kaisers.
Jetzt hätte er reagieren müssen wie Anno 1896 in St. Petersburg, wo er als Vertreter seines Vaters, des Prinzregenten Luitpold, bei den Krönungsfeierlichkeiten des Zaren Nikolaus dem Preußenkönig Wilhelm gegenüber in Anwesenheit der europäischen Fürsten fest erklärt hatte: Bayerns König sei kein Vasall des deutschen Kaisers, sondern nur ein Bundesgenosse.
Was wäre schon daran gelegen, hätte er als einziger König in Europa zum Frieden gemahnt in den Augusttagen Anno 14? Hätte er, alle Verfassungsmöglichkeiten ausschöpfend, das bayerische Parlament und die Kammer der Reichsräte bemüht zu untersuchen, ob das Vaterland im Falle dieses bevorstehenden Weltenbrandes nicht besser für den Frieden optieren solle, auch auf die Gefahr eines Vorwurfes der Verletzung der Bündnistreue hin! – Denn die Sache eines bayerischen Königs ist mehr der Friede als der Krieg. Friede sei oberstes Königsgesetz! –
Die Stimme wäre nicht überhört worden, wenngleich König Ludwig III. die Reichsmobilmachung nicht hätte verhindern können. Im Falle eines deutschen Sieges über die Entente wären die deutschen Territorialfürsten ohnehin spätestens 1923 mediatisiert worden. Der König hätte nichts riskiert, das Haus Bayern hätte nur gewonnen, denn 1918 spätestens hätte sich das mutige Friedenswort von 1914 bezahlt gemacht.
Welch ein legerer König ist dieser Ludwig III. doch ge-

wesen! Wegen seiner Vorliebe für die Landwirtschaft trug er den Spitznamen »der Millibauer«. Er ging zusammen mit seiner Königin Therese ohne jede Begleitung durch die Straßen der Stadt, bald hier, bald dort einen Trödlerladen aufsuchend. Der greise Monarch wurde natürlich viel gegrüßt, so daß seine den Hut lüpfende rechte Hand gar nicht mehr zur Ruhe kam. Denn Ludwig erwiderte jeden Gruß. Es war eben nicht leicht, in diesen heldischen Tagen von 1913 bis 1918 ein freundlicher Bürgerkönig zu sein.

Vor Beginn der deutschen Offensive an der Westfront im Sommer 1918 besuchte König Ludwig III. seine Truppen. In den Stellungen eines bayerischen Artillerieregiments wurden Betonarbeiten ausgeführt. Der König mit seinem militärischen Gefolge hoher und höchster Ränge verteilte an die Soldaten etliche Zigarren aus einer Kiste, die er unterm Arm trug. Er tat es mit den Worten: »Das Betonieren ist eine schwere Arbeit! – Nehmens a Zigarrl!« Auch ein gewisser Voggenauer griff in die königliche Zigarrenkiste.

Fünf Monate später floh der König mit seiner Familie, mit seiner kranken Königin und mit den Prinzessinnen in zwei Automobilen heimlich aus der Residenz nach Schloß Wildenwart, dann über Berchtesgaden nach Anif. Prinzessin Helmtrud verhüllte mit ihren Handschuhen die am Wagen angebrachten goldenen Kronen, damit die bayerischen Sowjets das Königsfahrzeug nicht erkennen sollten.

Nach etlichen Wochen begab sich die Königsfamilie wieder nach Schloß Wildenwart. Auf dem zu diesem Schloß gehörigen kleinen Gutshof Mönnibuch wurde gerade die Jauchegrube betoniert. Der eben aus dem großen Kriege heimgekehrte Soldat und Bauernsohn Voggenauer verdiente sich bei dieser Bauarbeit als Handlanger wieder sein erstes Geld. König Ludwig III. von Bayern, Landwirt aus Passion, begab sich von Wildenwart nach Mönnibuch – zu Fuß selbstredend wie ein wandernder Flüchtling – und sah den Betonarbeiten an der Jauchegrube hinterm Kuhstall zu. Die Betonierer mischten ihren Beton. Ludwig III. holte sein Zigarrenetui heraus und bot den Arbeitern Zigarren an. Er tat es wieder mit den Worten: »Das Betonieren ist eine schwere Arbeit. Da, nehmens a Zigarrl!« Auch ein gewisser Voggenauer griff zu. Und er erinnerte sich, aufgeschreckt und beklommen, an die gleiche Szene vor einem halben Jahr. Vor Monaten noch der große Monarch und jetzt der Flüchtling. Und dennoch die gleiche anteilnehmende Geste Ludwigs, als ob nichts geschehen wäre; gleich freundlich als König wie als Bauer. Ein echter Wittelsbacher. Die Welt war in Bayern noch weiß und blau.

Und, welch ein Unterschied, besonders dann zwischen 1918 und 1933! Ludwig III. ging ohne Gefolge durch München. Hitler fuhr mit einer Wagenkolonne unter dem Schutze von mehreren hundert Sicherheitsbeamten nach Schwabing zum Abendessen.

»Wir haben zu den Unsern in unserm Lande ein solches Trauen, daß keiner ist, wir wollten ein Nacht ohn Sorg in seiner Schoße schlafen.« Herzog Stephan der Kneißl sagte dieses stolze bayerische Fürstenwort um 1380 in Mailand zu seinem Schwiegervater Herzog Galeazzo Visconti, als dieser ihm seine Leibwache präsentierte, »die groß Huet« gezeigt hatte, wie der Augustinerchorherr Andreas von Regensburg, ein Zeitgenosse Stephans, in seiner Geschichte Bayerns berichtet.

Die Verbundenheit von König und Volk kann durch herzlichere Worte nicht ausgedrückt werden. Und war doch dieser Stephan III. der Kneißl – weil er so gern »kneißelte« oder glänzte und auch gern Sprüche machte – nicht gerade das Muster eines bayerischen Fürsten gewesen. Wie oft saß er wegen Zech- und Spielschulden bei einem Gastwirte im »Einlager«. Damals konnte man sich noch kein Geld telegraphisch überweisen lassen. Bis der ausgesandte Bote mit Geld ankam, konnten acht und vierzehn Tage vergehen. Dem Wirt standen zwei Rechtstitel zur Verfügung: Einlager oder Schuldturm.

Bei hochgestellten Persönlichkeiten glaubte man natürlich an die Zahlungsfähigkeit und belegte den edlen Zechkumpan nur mit der Strafe des »Einlagers«. Der Gast wurde in der Taverne weiterhin versorgt, wie bisher auch, natürlich wuchs die Zeche gewaltig an. Jedoch stand er unter Hausarrest. Von Herzog Stephan dem Kneißl wird berichtet, daß er in der Reichsstadt Regensburg gelegentlich schon im Einlager gelegen hatte.

Dabei machte er gewaltige Sprüche wegen seiner Tochter Elisabeth, die Königin von Frankreich war. Es war dies die »schöne Isabeau«, die berühmte Königin und Regentin Frankreichs, die Mutter des Dauphins der Heiligen Johanna, des späteren Karl VII.

Da wurde der Kneißl selbstverständlich immer wieder ausgelöst, und er hatte auch Kredit. Einmal kam er mit seinem Gefolge in arge Bedrängnis. Er trieb kein Geld mehr auf. Da mußten die Boten zu jenen Damen reiten, denen er kurz vordem herrliche neue Kleider zum Geschenk gemacht hatte. Die eilenden Geldsucherboten des Herzogs mußten den Damen die neuen Gewänder abnehmen und im Versatzhaus zu Regensburg zu Geld machen. – Woraus man wieder sieht, daß auch Könige und bayerische Herzöge oft schon in bitteren Geldnöten gesteckt haben.

Ein andermal entledigte sich Herzog Stephan der Kneißl einer gefährlichen Alimentation, die sogar bis nach Rom sich peinlich ausgewirkt hatte, dadurch, daß er die betreffende Dame zur Äbtissin eines wittelsbachischen Hausklosters machte.

Und doch fühlte der Mann sich bei seinen Bayern so sehr geliebt, daß er ohne »die groß Huet« in jeder Hütte, in jeder Familie genächtigt hätte.

Der Bayern Fürstenliebe ist eben unübertrefflich. – Keinem Volk der Erde geht ein König so sehr ab wie uns. Der Königsverlust nämlich ändert allmählich den bayerischen Volkscharakter. Wir verlieren unsere Ruhe mehr durch diesen Königsverlust als durch die Turbulenz des modernen Verkehrs. Die unerklärliche Nervosität im bayerischen Gemüt, die längst schon zu Exzessen der Ungemütlichkeit geführt hat, hat ihre unheimliche Ursache in der Königsnot. Selbst die zunehmende Verfremdung durch nervöse Einwanderer aus Nord und Süd und Ost und West hat da nicht so erheblichen Schaden angerichtet wie die republikanische Vaterlandsleere.

Unsere Königsresidenz ist wiedererstanden aus Schutt und Asche – dank der unermüdlichen Tüchtigkeit des seligen Professors Esterer –, und dieses erhabene und über und über glänzende Königsschloß, das schönste Königsschloß aller Königsschlösser Europas, verlangt wieder nach einem Monarchen.

Die Herrlichkeiten Nymphenburgs und Schleißheims, ja selbst die Königsschlösser Ludwigs II. zu Herrenchiemsee, Linderhof und Neuschwanstein, wollen wenigstens für Tage und Wochen wieder lebendige Kgl. Bay. Residenzen sein dürfen.

Die Liebe des Bayernvolkes zum angestammten Hause Wittelsbach ist so groß, daß da keiner sage, er würde nicht von einem vaterländischen Schauer ergriffen, wenn plötzlich ein Königlicher Prinz ihm würde die Hand geben. – Eine magische Kraft und liebe Majestät geht von ihnen aus.

Von der barocken Übertriebenheit solch zärtlich-inniger, ja damals auch für heilig gehaltener Fürstenliebe berichten die alten Leichenreden auf einen verblichenen Bayernkönig.

»O welch ein Wehklagen hallt durchs ganze Vaterland! Das Volk der Boijer beweinet seinen Fürsten. Unvergessen sind ihm die Lieb und große Vatersorg, sind ihm Schönheit und Noblesse des hohen Verblichenen. Wer je zum Exempel könnte vergessen – und hätte er es auch nur ein einziges Mal gesehen –, mit welch königlicher Grandezza und Eleganz unser lieber durchlauchtigster Landesvater ist von dem Wagen herausgestiegen in seiner vornehmen Art, zuerst den Arm mit der gütigen Vaterhand vorstreckend und dann das so schön geformte Bein präsentierend.«

Dergleichen ist nicht als bloße Lobhudelei abzutun. Das war noch eine echte Volkstrauer. Der Monarch liegt krank in der Residenz. In den Kirchen Münchens wird für seine baldige Gesundung gebetet. Der Leibarzt gibt im Bulletin die Besserung bekannt. Am selben Abend noch läuten die Glocken zum feierlichen Dankes-Tedeum für die rasche Genesung Seiner Majestät. Aber das nächste Bulletin spricht von einer Verschlimmerung des allerhöchsten Befindens. Nun zittert die ganze Stadt um das Leben des Vaters. Laut betend ziehen die Münchner zur Herzogspitalkirche, begleiten das Gnadenbild, das in feierlicher Prozession an das Sterbebett des Königs getragen wird. In den Kirchen finden Rosenkranzandachten statt. Auf den Straßen um die Residenz herum drängen sich die mitsorgenden Münchner. Auch viel Landvolk ist schon dabei. Da wird es rege am Haupttore der Residenz. Wer kommt da? – Ja sie sind es. Diese Nichtswürdigen sind es. O Herrgott, sei dem König gnädig! Die Leibärzte Seiner Majestät verlassen tiefgebeugt und erschüttert die Kgl. Residenz. Sie müssen eine Art Spießrutenlaufen durchmachen. Pfuirufe ertönen neben Aufschluchzern. – Wie stolz sind die medizinischen Kapazitäten gestern und vorgestern ans Krankenbett des hohen Kranken geeilt! Der Kollege hatte versagt. Jetzt berief man ihn! – Und nun also eilen sie alle verhöhnt und vom Tode geschlagen hinweg. Welch ein Sinnbild der menschlichen Ohnmacht gegenüber der Unerbittlichkeit des Todes! – Auch diese Szene: »Das Verlassen der Residenz durch die Leibärzte beim Tode Seiner Majestät Maximilians II.« zum Beispiel gehört zum kgl. Bay. Brauchtum, gehört zu den großen Zeremonien. Jetzt weiß man es: Es gibt keine Hoffnung mehr. Der Monarch stirbt in der nächsten Stunde gewiß.
Kein Tod im ganzen Land wird so spontan erlebt und mitgefühlt. Kaum der Tod des eigenen Vaters. Es ist das Erleben des Todes schlechthin, der Tod des Königs. – Der König stirbt! – Der König ist tot, es lebe der König! –

Nach dieser erschütternden Szene, während die Sterbeglocken läuten und die Menschen in Tränen ausbrechen, während die Tore geschlossen werden, und seien es auch nur symbolisch die Tore der Residenz, während bereits die ersten Münchner schwarze Krawatten tragen und Trauerbinden, kommt es plötzlich zu einer jähen Wendung, und die tieftrauernden Gemüter werden mittels einer neuen großen Staatszeremonie hart angerührt: Der Herold des Reiches, begleitet von schweren Kesselpaukern zu Pferd, reitet aus der Residenz und verliest auf den großen Plätzen der Stadt die Trauerbotschaft: Der König ist tot, es lebe der König! Den Thron seiner Väter besteigt Ludwig II.! –

Es gibt zu wenig Helden unter den Kontrolleuren der zitierten und »titulierten freien Presse«. Wie tolerant zum Beispiel war der Kgl. Hof in München vor Anno 14, in der guten alten Zeit? – Man vergleiche den Spott des Simplicissimus über manch Kgl. Prinzen und über Ludwig III., den Millibauer! Mit welcher Offenheit wurde das Königsdrama im Starnberger See von 1886 erörtert! Wenngleich die Arroganz der Journalisten sich damals vor der Erhabenheit der schwermütigen Person Ludwigs II. eher in Schweigen hüllte. Man erinnerte sich noch zu deutlich an die mäzenatische Großtat des Märchenkönigs: an seine unendlich mitschöpferische Generosität für Richard Wagner. Ohne Ludwig II. hätte es keinen Ring, keinen Siegfried, keinen Tristan, keine Meistersinger gegeben. Ludwig II., der schwermütige und seltsame bayerische Märchenkönig, hat Goethes Wort, daß »der Dichter mit dem König gehe«, buchstäblich wahr gemacht. Richard Wagner durfte die Ovationen des Publikums in der Königsloge entgegennehmen! – Dergleichen Premieren sind in republikanischen Demokratien nicht denkbar. Seit Anno 18 gab es in Bayern keinen Richard Wagner, keinen Klenze, keinen Kaulbach, Lenbach, Stuck, keinen Richard Strauß mehr. Auch dieser wuchs aus dem Mäzenatenhumus eines Kgl. Hoftheaters. Des Aufzählens wäre kein Ende. – Und auch nicht des Vergleichens! –

Mit dem Niedergang des Königtums setzt der Verfall der Künste ein. Die Thomas Mann und Heinrich Mann, die Josef Roth und Rainer M. Rilke, Huch, Carossa, Hesse und Musil haben alle noch die Herrlichkeit des Radetzkymarsches im Ohr. Das Schöne, das Reizvolle, das einfach Liebliche, das Erhabene, das fröhlich Heitere, Poesie und Harmonie – all diese Ideale wußten sie immer noch leuchtend hinter den Wolken der heraufbeschworenen Finsternis. Man zelebrierte in der Monarchie eben eine kgl. Kunst. Man lebte noch fünfzig Jahre lang vom Glanz des Abgeschafften.

Die ergreifende Großartigkeit des Ekels und des Elends, das Spiel mit dem ewig gequälten Menschen, seine Angst, seine Schrecken, sein Entsetzen, seine entnervende Torheit, das Unbehagen jeder menschlichen Existenz, seine höllische Profanie und Zweckgerichtetheit, sein Bauen in Beton, Stahl und Glas, seine schreckliche, rattenartige Vermehrung trotz der Verhütungsmittel, die monotone Häßlichkeit des gesamten asphaltierten Lebens, seine Unverschämtheit und Brutalität, seine Falschheit, Härte und sein grausiges Massenverenden – all diese Erkenntnisse und faktischen Eröffnungen werden von den Künstlern der modernen Demokratien gestaltet und »gesellschaftspolitisch relevant« gemacht.

Meinetwegen: In den Monarchien »logen« die Künstler der Sehnsucht des Menschen nach Schönheit und Erlösung, nach Poesie und Harmonie in die Taschen. Die Kunst war heiter, das Leben ernst.

In den gegenwärtigen Staatsformen einer »optimalen Volksherrschaft« zur Befriedigung der Interessensverbände sind die Künstler von einem unglaublich harten Wahrheitsfanatismus geschlagen, und das Leben ist leider dennoch nicht heiter.

Wir brauchen eine Monarchie wegen der Heiterkeit. Die Sehnsucht der Seele seufzt mehr nach tröstenden Freundlichkeiten als nach den Gütern und Instrumenten des Wohlstandes. Die »optimale Massengesellschaft« gibt uns lieber wohlfeile Konsumartikel im Überfluß als

Feste und erhabene Augenblicke. Was waren zum Beispiel die Kgl. Bay. Tafelmusiken, Standkonzerte, Trauerkonzerte, allerhöchste Beisetzungsfeierlichkeiten, Hochzeiten, Einzüge allerhöchster Brautpaare, Prinzentaufen, Prozessionen, Kgl. Geburtstagsfeiern et cetera et cetera für das ganze bayerische Königreich für erhebende Augenblicke! Es waren Familienfesttage eines ganzen Landes. Denn überall trugen die Beamten Galauniformen, überall konzertierten Musikkorps und Trachtenkapellen auf Markt-, Dorf- und Stadtplätzen! Und die Glocken eines glücklichen Landes hallten vom Spessart bis zum Karwendel, vom Arber bis zum Wetterstein, von Lindau bis Neuburg, vom Hintersteinertal bis Ulm, vom Main zur Donau, vom Frankenwald bis Passau.

Kgl. Kammerdiener und Lakaien

Der Personaloffiziant des Kgl. Oberhofmarschallamtes betreut die reponierten Personalakten der diensthabenden, beurlaubten und pensionierten Kgl. Bay. Kammerdiener, Hofoffizianten, Silberkammermägde, Offizienmägde, Kammerportiers, Mundköche, Süßspeisenköche, Mundschenken, Kellermeister, Küfer, Tafeldecker, Silberverwahrer, Hoffuriergehilfen, Spülmägde, Stabsdiener, Proviantmeister, Hoflakaien, Livreediener, Taglöhner und so fort. Insgesamt unterstehen dem Hofmarschall Graf von Saporta über einhundertfünfzig Bedienstete, mit einem durchschnittlichen Lohn von 1200 Mark im Jahre 1913. Der Hofdienst verschlingt demnach etwa 200 000 Mark jährlich. Dem heutigen Lohnniveau entsprechend wären das mindestens vier Millionen. Nimmt man die gleiche Summe für den Verzehr und inneren Aufwand und verdoppelte die Gesamtsumme, dann träfe man ungefähr den Teil der Kgl. Zivilliste, früher auch Kgl. Privatschatulle genannt, den man als Notdurft einer Kgl. Hofhaltung in der Residenz bezeichnen könnte, also

16 Millionen für die Notdurft einer Kgl. Bay. Repräsentanz.
Es fehlten noch die Repräsentationskosten der Bay. Krone im Lande und außerhalb des Landes. Vor allem aber fehlten die Kosten für die Kgl. Geschenke, Ordensverleihungen, mäzenatischen Zuschüsse an junge oder alte Künstler, es fehlte noch das Geld für den Unterhalt und die ständige Vergrößerung der Kgl. Bay. Pinakotheken. Selbst die Saaldiener und Wächter der Pinakotheken wurden früher von den Kgl. Lakaien gestellt.
Es fehlten die Hofhaltungskosten in Nymphenburg und in Berchtesgaden, in Würzburg und in Bamberg. Dazu müßte man auch das Budget der Kgl. Bay. Hofjagdintendanz rechnen. Und dann noch die Hofhaltung des Kronprinzen und der Prinzen und Prinzessinnen – soweit sie ein zukünftiges Hausgesetz noch zur Kgl. Familie rechnet.
Diese Kgl. Familie müßte selbstredend ziemlich klein gehalten werden. Die Prinzen und Prinzessinnen, das sind die Königskinder und die Königsgeschwister. Von der Verwandtschaft der Königin bekämen nur die Eltern und Geschwister einen Rang. Bei geborener Bürgerlichkeit also den eines Herzogs von Bogen. –
Mit diesen Kgl. Nebenhofhaltungen, über deren jeweiligen Aufwand Seine Majestät selbst entscheiden mögen, dürfte sich die Kgl. Zivilliste eines zukünftigen Königreiches Bayern auf schätzungsweise derzeit gut dreißig Millionen jährlich belaufen.
Eine enorme Summe? Wenn wir die gegenwärtige Staatsrepräsentation in Bayern vergleichen, dann bestimmt nicht. Durch die unheilvolle bundesrepublikanische Staatshoheit, die über der Hoheit des Freistaates Bayern immer häufiger zu stehen scheint, haben wir es jetzt mit einer »gespaltenen Staatsrepräsentation« in Bayern zu tun. Es eröffnet die Ausstellung der Ministerpräsident – oder es eröffnet die Ausstellung ein Bundesminister und der Ministerpräsident. Bei Brückeneinweihungen und Autobahneröffnungen kommen die Bonner

Straßenbauminister besonders gern nach Bayern. Ein Freistaat aber, der schon in seiner Repräsentation gespalten ist, ist nur noch halbfrei und halbpräsent.
Sind wir Bayern denn »Frilazzi«, Freigelassene und Halbfreie? – Nicht zuletzt deswegen haben wir das Grundgesetz 1949 abgelehnt.
Man scheue die Kosten der Kgl. Zivilliste nicht und rufe nur baldmöglich ein Königreich Bayern aus! Der Freistaat Bayern garantiert die lebendige Erinnerung an das Königreich Bayern.
Die Repräsentationskosten der Bonner Minister in Bayern, dazu jener kleine Anteil aus dem an sich geringen Etat des Bundespräsidenten von knapp zehn Millionen, sowie andere bundesrepublikanische Bewirtungskosten in Bayern ergäben einen geschätzten »Repräsentationsaufwand der Bonner Herren in Bayern« von ungefähr fünfzehn Millionen jährlich. Bliebe dem bayerischen Staatssäckel ein Kgl. Rest von nur etwa 15 Millionen. Und wir hätten wieder eine Repräsentation! Und was für eine!
Diese 15 Millionen könnte man bei gutem Willen vom Etat der bayerischen Staatskanzlei (120 Mill.) abzweigen oder man finanziere sie aus einem winzigen Teil der Einnahmen von den Schlössern König Ludwigs II.
Jedenfalls ließe sich mit dreißig Millionen Zivilliste das Königreich Bayern zunächst wieder herstellen!
Die Hofbediensteten, die Lakaien und Furiere, die Köche und Mundschenken et cetera müßten ja nicht mehr so zahlreich sein wie früher, denn man würde natürlich auch in der Residenz moderne Küchenmaschinen benützen, eine modern eingerichtete Wäscherei betreiben. Man würde im Hofmarstall auch nicht mehr sechshundert Pferde stehen haben, sondern bestenfalls noch fünfzig. Dafür gäbe es freilich BMW-Prunkkarossen, einen Sonderzug und vielleicht auch drei Kgl. Hubschrauber.
Auch die Kgl. Bürokratie würde heutigentags zunehmen müssen, um im Verkehr mit der übrigen Bürokratie als nicht gar zu einfach altmodisch zu erscheinen.

Am Bayerischen Königshofe wurde ja die Sparsamkeit nicht immer als hohes Lebensideal einer Kgl. Hofhaltung gepriesen. Welche Schuldenlast hat nicht Max Emanuel seinem Sohne Karl Albrecht hinterlassen! Oder vordem schon Albrecht V. und Wilhelm V.? Aber hätte Orlando di Lasso ohne diese Verschwendung so viele prächtige Vokalmessen komponiert? Schmückten München die Michaelkirche oder St. Kajetan? Hätten wir eine Residenz, ein Cuvilliéstheater, ein Nymphenburg, ein Schleißheim? – Wo immer unsere Münchner Kurfürsten und Könige verschwenderisch waren, blühte die Kunst, ging es den Handwerkern gut, wurden erbauende, bleibende Werte geschaffen. Die Welt war wieder schöner und humaner geworden. Die Kreationen der bayerischen Könige sind halt königlich! –

Ganz besonders hat selbstverständlich die Kirche von der geistvollen Frömmigkeit der großen Wittelsbacher profitiert. Ohne den bayerischen Königsthron wären die Altäre nicht so großartig geworden. Darum sollte der Altar dem Thron eine betende und segenspendende Dankbarkeit beweisen. Auch über die Jahrzehnte der nüchternen, schrecklichen und königslosen Zeit hinweg! Wie sehr spüren wir leider oft das Gegenteil, und wir müssen Priester und Bischöfe ertragen, die eine kulturlose Undankbarkeit an den Tag legen.

Unter König Ludwig I. zog eine fast über die Maßen geziemende Sparsamkeit in die tägliche Hofhaltung. Ludwig entließ bei seiner Thronbesteigung sofort zwei überflüssige Kammerdiener mit den Worten: »Anziehen kann ich mich selber und ausziehen will ich mich nicht lassen.«

Es war Brauch am Kgl. Bay. Hof, daß die Ministersöhne nach erfolgter Absolvierung des Gymnasiums an eine einfache Kgl. Tafel gezogen wurden. Diese Kgl. Einladung zu einem Kgl. Bay. Abendessen in die Residenz oder nach Nymphenburg bedeutete für so einen jungen Mann eine unerhörte Auszeichnung. Und sie galt also nur für die Söhne amtierender Minister nach bestandener

Reifeprüfung. Selten genug fügte sich ein solches Ereignis. 1913 traf es sich nun, daß der Sohn des damaligen Kgl. Bay. Eisenbahnministers bei Ludwig III. zu Tische saß. Der Monarch unterhielt sich mit dem wohlpräparierten Abiturienten über den deutschen Aufsatz, über die Mathematikaufgabe und fragte wie üblich nach den zukünftigen Studienplänen. Der Sohn des Kgl. Eisenbahnministers antwortete begeistert, er wolle Lokomotivführer werden. Worauf selbst Ludwig III. lächeln mußte, denn zum Lokführer hätte es keiner Matura bedurft. In den Ferien durfte nun der Ministersohn, was der strenge Papa niemals erlaubt hätte, auf einer echten Lokomotive als Heizer mitfahren. Der König hatte diesen Wunsch beim Verkehrsminister durchgesetzt.
Nach aufgehobener Tafel begaben sich Majestät und noch einige Herren aus dem Kultusministerium, die mit dem Ministersohn zur Tafel gezogen worden waren, in den Rauchsalon. Der diensthabende Livreediener bot aus zweierlei Kisterln Zigarren an. Auch der gewesene Gymnasiast durfte zugreifen mit kgl. Aufmunterung. Es waren noch dicke, lange Prinzregentenzigarren. Der König empfahl sich bald. Die Herren durften indessen noch bleiben. Aber Seine Majestät kamen sofort wieder zurück, nahmen die beiden Zigarrenkisterln unter den Arm, bemerkend: »Die guten Zigarren vom verewigten Herrn Vater darf i net liegn lassen, sonst rauchens mir die Lakaien alle zsamm!« –
Derlei sparsame Episoden aus der allerletzten bayerischen Königszeit gäbe es noch manche. Der Leibkoch einer damals alten Kgl. Prinzessin weiß zu berichten, daß Ludwig III. im vierten Kriegsjahr streng nach den Lebensmittelkarten lebte. Als er – wie eh und je – jährlich einmal die hohe Verwandte aufzusuchen pflegte, brachte der König in einem Zegerer ein Bierkäserl, ein Stück Brot und ein Flascherl Dünnbier mit und gab das alles in der Hofküche Ihrer Kgl. Hoheit ab. Welch ein ernsthafter deutscher Weltkriegsstammeskönig! In seinem rheinpfälzischen Lustschloß »Ludwigshöhe« bei

Edenkoben bankettierten indessen die Generalstäbe Ludendorffs und Hindenburgs.

Die Kgl. Prinzen und Prinzessinnen sowohl wie die Hofdamen und Hofkavaliere, soweit sie in der Residenz schliefen, ja sogar Ihre Majestäten, bekamen alle vor die Schlafzimmertür von der Kgl. Mundschenkerei abends einen gut eingeschenkten Maßkrug Bier hingestellt. Schlaftabletten waren unbekannt. Es gibt kein geziemenderes Kgl. Bay. Betthupferl als eine Maß Hofbräubier! –

Auch unser Märchenkönig ließ sich gelegentlich eine Maß Bier schmecken. Er liebte allerdings auch den Wein. Von ihm ist bekannt, daß er nach nächtlichen Schlittenfahrten in einsamen Grenzgasthöfen zwischen Bayern und Tirol mit großem Appetit übergroße Portionen zu sich zu nehmen geruhte. Die Köche mußten schon nachmittags mit dem Küchen- und dem Proviantschlitten zu jenem Gasthause vorauseilen. Sie hatten sich beim Arrangement der Kgl. Nacht- und Schlittenmahlzeit exakt nach einem vortrefflichen Stilleben zu richten, auf dem die impressive Fülle einer solennen Gasterei ausgebreitet war: Hasen und Enten, Kapaune und Hühner, Schweineschinken und Karpfen, Rehschlegel und köstlich anzusehende Pasteten. An der sündhaften Üppigkeit einer so gedeckten Tafel ließ es sich König Ludwig II. dann munden. Der König aß. – Das Volk der Bayern schlief, aber sein König aß. Er aß in der Bitterkeit seiner tiefen Schwermut. Und warum war er schwermütig? – Jede Phase dieser Schwermut kann interpretiert werden, erklärt am Schicksal seines Bayernvolkes: Er war schwermütig, weil sein Königreich Bayern bereits an das Königreich Preußen ausgeliefert war.

Typisch für die Schwermut des Königs nimmt sich jene berühmte Frühstücksszene aus, die der kaum zwanzigjährige Monarch auf Schloß Hohenschwangau mit seiner eigenen Mutter hatte. Die Königinmutter wartete vergebens auf den König an der gedeckten Frühstückstafel. Da vermeldete der verlegene Adjutant Seiner

Majestät der Königinmutter, daß Seine Majestät nicht zum Frühstück erscheinen werden, da Seine Majestät am frühen Morgen den Anblick einer preußischen Prinzessin nicht ertragen könne. Ludwigs II. Mutter, die Königin Marie, war ja eine geborene preußische Prinzessin. Welch Schwierigkeiten harren da eines künftigen bayerischen Königs! Zum Troste sei freilich eine Bemerkung gestattet – auch wenn sie einige echte Patrioten entsetzen sollte: In den Mischblütigen schlägt das vaterländische Herz noch stürmischer als in manch Alteingesessenen. Gerade die kgl. Bay. Gefühle der ersten Filialgeneration garantieren uns ein Wiedererstarken der monarchischen Idee in Bayern.
Ein restauriertes bayerisches Königreich ist mehr wert als dreißig Millionen im Jahr.
Sage mir keiner, die zukünftige Massengesellschaft verdiene nicht eine gemütliche bayerische Monarchie, die zuvörderst unser aller Leben schöner, geweihter und köstlich-heiliger machen soll! Es stirbt sich auch leichter in einem Königreich. Weil auch der König lebt und stirbt. Er ist das Symbol der Kontinuität des Lebens und Absterbens, des ewigen Lebens. Gott schütze den König!
Es hat nichts mit Schaustellerei zu tun, wenn bei einer öffentlichen Galahoftafel das Kgl. Bay. Fernsehen mit allem Respekt und mit der nötigen Ehrfurcht eines festlichen Herzens und eines gemütlichen Auges »live« sendet. Schon in den ältesten Zeiten waren die Königlichen Hoftafeln bei besonders festlichen Anlässen öffentlich vor allem Volke abgehalten worden. Welch ein kgl. Bay. Ereignis, so eine Livesendung einer Hoftafel! – Die Hofkapelle spielt über Tisch. Die prächtige Tafel, die von den Kgl. Tafeldeckern unter der Aufsicht eines Zeremonienmeisters – oder gar des Oberhofmarschalls persönlich – festlichst gedeckt wird, liefert üppige Gaumenbilder. Golden leuchtet der Saal. Die Gäste versammeln sich im Schwarzen Saal und harren auf das Erscheinen der höchsten und allerhöchsten Herrschaften. Eine weitere Musikkapelle spielt den Präsentiermarsch,

da die Majestäten aus ihren Gemächern treten. Die Musik voraus, die Generalkapitäne und Adjutanten, die Prinzen und Prinzessinnen eröffnen den Zug zur Hoftafel durch die Gänge und Säle der Residenz. Die Kammerherren, auserlesene Persönlichkeiten mit klingenden Titulaturen allererster Ränge, verrichten symbolische Dienste durch ihre bloße Anwesenheit. Es sind dies die Herren Parteivorsitzer, wenn auch bürgerlicher Herkunft, im zukünftigen Königreich Bayern aber bei Hofe nun Barone von Beilngrieß oder Hof, Grafen von Schweinfurt oder Fürth, Fürsten von Kempten oder Bayreuth et cetera. Die gesamte Nobilität eines zukünftigen Hofes würde selbstverständlich ein Meritenadel sein. Die Gewerkschaftsführer, die Oberbürgermeister der bedeutendsten Städte, manch exemplarische Landräte und verdiente Amtspräsidenten, aber auch tüchtige Arbeiter und Ingenieure, Bauern und Handwerker stünden hier stellvertretend für den Adel der ganzen Nation.

Dem Parlamente würde ja das Vorschlagsrecht der auszuzeichnenden und der zu adelnden Persönlichkeiten zustehen. Es wäre dies der am meisten beschäftigte Ausschuß. Wahrscheinlich wären es sogar zwei Ausschüsse, ein Ordens- und ein Adelsausschuß. Der König kann die Auszeichnung oder die Adelstitulatur einer vom Parlament vorgeschlagenen Persönlichkeit versagen. Seine Majestät kann mit diesem Denegationsrecht das Parlament zwingen, über die bezweifelten Verdienste oder über die angezweifelte Integrität oder bloße Würdigkeit der abgeschlagenen Persönlichkeit in eine Plenarsitzung einzutreten, wenigstens aber in eine eigene Ausschußsitzung. Oder er kann zumindest zu einer nochmaligen Beratung und Besinnung diesen Ausschuß allergnädigst ermuntern. Je nachdem, ob der König »ein bisserl« oder »erzürnt« oder »fuchsteufelswild« denegiert hat. Bei allerhöchster »fuchsteufelswilder Denegation« muß das Parlament in öffentlicher, vom Fernsehen übertragener Debatte den Oberstaatsanwalt des

Königreiches Bayern als Anwalt der Königlichen Ungnade anhören, und die Ausschußvorsitzer müssen dem Kgl. Prokurator Rede und Antwort geben.

Nur so wird es möglich, daß das Ehrenamt eines Truchsesses oder Mundschenken, eines Hofmarschalls oder Erbmarschalls, eines Kammerherrn oder einer Kgl. Kammerfrau bzw. einer Kgl. Ordensdame oder Hofdame, ja sogar Sternkreuzordensdame, eines Kgl. Kommerzienrates, Ökonomierates, Hofrates, Sanitätsrates, Justizrates und eines Kgl. Professors und so weiter nur an Würdige gegeben wird. Wobei die Würdigkeit selbstverständlich mehr oder minder großzügig ausgelegt werden muß, da ja wir Menschen alle Sünder sind. Diese Sündhaftigkeit der allgemeinen menschlichen Schwächen darf natürlich nicht in Betrugsaffären und Gesinnungslumpereien verwickelt gewesen sein, sie darf sich nicht mit Verbrechen besudelt haben und nicht zu sehr mit stammfremder Gschaftelhuberei, nicht mit menschlicher Rüpelhaftigkeit und Rücksichtslosigkeit, nicht mit Miet- und Zinswucher, nicht mit Vaterlandsverrat und Majestätsbeleidigung. Aber was heißt da schon Majestätsbeleidigung in Bayern? Wo unser König doch großzügig ist und ein humoriges, gütiges Herz hat? Solange man nicht sagen kann: »Was z'vui is, is z'vui! Und da hört sich da Spaß auf!«, solange ist eine freche Bemerkung oder ein harmloser Witz, eine Karikatur oder humorige Anekdote natürlich keine Majestätsbeleidigung. Die erhabene Majestät der Bayern kann etwas vertragen.

Die kleineren Titulaturen werden von den Bezirkstagen und kreisfreien Stadträten vorgeschlagen. Die Kgl. Ordenskanzleien, die unmittelbar dem Könige unterstehen, wenn sie auch von Kgl. Ordenskanzlern und alle zusammen von einem Kgl. Großordenskanzler geführt werden, werden mindestens einer Bürokratie von sechs, sieben Kgl. Offizianten bedürfen. Auch diese Offizianten und Inspektoren gehören zum Personal des Hofmarschallamtes. Der Großkanzler der Kgl. Ordenskanz-

lei kann selbstverständlich in Personalunion eine bedeutende Persönlichkeit vorstellen, z. B. der Oberbürgermeister von Augsburg oder Nürnberg. Der Oberbürgermeister der Kgl. Haupt- und Residenzstadt muß mindestens den Rang eines Oberstzeremonienmeisters haben und im Grafenstande dignieren, am besten als »Graf von Sendling«. So daß die Titulatur eines Münchner Oberbürgermeisters heißen müßte: »Oberbürgermeister Georg Kronawitter, Graf von Sendling und Oberstzeremonienmeister Seiner Majestät des Königs, Reichsrat der Krone Bayern«.
Und München leuchtete wieder! Es glänzt das Vaterland der Bayern, die vielliebe Provinz Europas, in seinen Farben Weiß und Blau.

Der Kgl. Bay. Volkscharakter

»Und unser Fähnelein ist weiß und blau«, sang schon der Weiß Ferdl mit rhythmischem Grant während der Weimarer Republik. Singend ertrug er das bayerische Weh mit diesem pfiffigen Grant. Wir Bayern ertragen seit Jahrhunderten die Fremdherrschaft eines über uns stehenden deutschen Großreiches. Als ob die Deutschsprachigkeit die Zugehörigkeit zu einem deutschen Staate rechtfertigen würde. »Soweit die deutsche Zunge klingt«, fühlt man deutsch. Das ist richtig und läßt einem Germanisten das Herz höher schlagen. Aber es rechtfertigt noch nicht die Existenz eines einzigen deutschen Staates. Denn sprechen nicht auch viele Schweizer deutsch? Und nicht auch alle Österreicher? Und nicht auch alle Bewohner der DDR? Sprechen oder sprachen nicht auch die Wolgadeutschen in Rußland deutsch? Oder die Farmer im Süden Brasiliens? Sie alle sind aber keine deutschen Staatsbürger. Und müssen wir Bayern unbedingt Deutsche sein? – Wir müssen es nicht. Das Parlament unseres Freistaates hat Anno 1949 dem bundesrepublikanischen Grundgesetz nicht zugestimmt. Wir machten damals nur freiwillig mit und auf Wunsch der Amerikaner. Leider auch auf Grund des kleindeutschen Bismarckgeschichtsbildes so vieler bayerischer Politiker. – Aber je öfter wir diesen Seufzer ausstoßen, desto unzerreißbarer scheinen die Bande des deutschen Nationalismus zu werden. Nur der Traum von einer europäischen Utopie der souveränen Vielfältigkeit der Provinzen kann ein Königreich Bayern wiedererstehen lassen.

Von Geburt her hat der Bayer eine ideale politische Begabung, er besitzt den realen Blick eines Bauern, und seine Seele ist dennoch angefüllt mit Ehrfurcht vor den geistigen Werten. Er ist vielseitig interessiert und künstlerisch hochbegabt: musikalisch und poetisch, tänzerisch und mimisch; er baut im traditionellen Stil, hat Maß und Harmonie, er schnitzt und malt, er ist vor allem ein historisch-musischer Kopf. Und das alles überdeckt von der Behäbigkeit einer bäuerlichen Natur.

»Nichts übertreiben!« könnte ein bayerischer Nationalspruch sein. Nicht übertreiben, aber alles dennoch auf die Spitze treiben. – Nur wer den Blick für harmonische Verhältnisse und Relationen von Geburt mitbekommen hat, darf sich derlei komödiantische Eskapaden leisten, darf eine Szene bis zur letzten Möglichkeit oder Unmöglichkeit auskosten, darf bei Verhandlungen und auch in Abhandlungen und Essays, solange die Vertragsschlüsse noch im Flusse sind, die Prämissen und Einzelheiten in fragwürdige, aber vom Gegner soeben noch geglaubte Extreme treiben. Der Gegner muß einem bei aller Übertreibung noch glauben. Glaubt er einem nicht mehr, ist man ein schlechter Verhandler gewesen, war die Szene nichts wert.

Und ist unser bayerisches Herz verzagt und schwermütig wie das Gemüt Königs Ludwig II., dann können wir auch einmal zu »schweren Worten« greifen und ausrufen: »Uns Bayern is ja grad wurscht, wer uns regiert. Jawoihl, völlig wurscht is uns dös. Sauwurscht sogar. Von mir aus regiern uns d'Chinesen oder d'Preißen, d'Amerikaner oder d'Russen. Mir haben bereits eine tau-

sendjährige Fremdherrschaft überstanden, mir haltens nomal fünfhundert Jahr aus. Von mir aus regiern uns sogar bayerische Vaterlandsverräter! Prost Landsmann, sollst aa lebn, aa wennst a Schlawiner bist!« –
Die größte Freude ist es, wenn uns der Gegner für dümmer hält, als wir sind. Besonders Preußen, Beamte und Politiker sollen uns für dumm halten. Dadurch erfahren wir den befriedigenden Beweis der eigenen geistigen Überlegenheit. Dieses Selbstbewußtsein eines aufrechten Bayern, das Wissen um die große Begabung in uns, um die musische Vielfältigkeit (was die Münchner Hochstapler nie davon abhält, die Theaterintendanturen an mittelmäßig begabte Preußen zu vergeben), die Kraft unserer Frömmigkeit und Weisheit in dem Wissen um die Jämmerlichkeit und Eitelkeit allen irdischen Daseins (a bisserl lebn, a bisserl sterbn!), die Geborgenheit des ganzen Bayernvolkes – vielleicht sogar der evangelischen Bayern – in einer überschäumenden Marienverehrung (»... Maria steh uns bei, juchhe!« und die Weihe des Vaterlandes an die Patrona Bavariae), die Verbundenheit unserer Landsleute mit den bäuerlichen Verwandten in den lebendigen landwirtschaftlichen Provinzen Bayerns in Ober- und Niederbayern, im Frankenwald und im Würzburgischen, im Jura und im Allgäu, im Wald und im Ries, im Gäu und im Stiftsland, im Mistelgau und im Steigerwald, im Spessart und im Pfaffenwinkel und so fort – überall sind unsere Bauern noch am Wirtschaften – all diese unnennbaren Kräfte der bayerischen Unverwüstlichkeit lassen uns die ärgerlichen Mühseligkeiten, in einem deutschen Staate mitleben zu müssen, mit Fassung ertragen. – Aber warum ertragen wir es? – Warum rufen wir nicht das Königreich aus und werden eine souveräne europäische Provinz? – Weil die Prominenz unserer bayerischen Politiker nicht mitmacht. Weil das von den preußischen Historikern des vorigen Jahrhunderts gefälschte kleindeutsche Geschichtsbild, wenn auch in gedämpfter Umrahmung, immer noch ihr Leitbild ist. Auch die deutschen Kom-

munisten, ja Marx selbst, zeigen sich von Ranke und Giesebrecht, von Treitschke und Sybel, von Bismarck und Bebel beeinflußt. Und das nicht minder verbissen als Wilhelm II., Hindenburg, Adenauer, Brandt, Wehner und Ulbricht. Wer immer deutsch denkt, ob geteilt oder gespalten, denkt zunächst an Deutschland und nicht schlicht an die deutsche Sprache. Als ob alle englisch sprechenden Völker unentwegt an England dächten!

Gottlob konnte die deutsche Oberherrlichkeit den bayerischen Volkscharakter noch nicht gänzlich entwurzeln! Durch die Urbanisierung – besonders durch das immense Anwachsen der Hauptstadt München – nimmt die Gefahr der Veränderung des bayerischen Volkscharakters zu. Das Anwachsen Münchens ist eine Folge der bitteren deutschen Wahlkämpfe, die mit realer Veränderung der Gesellschaftsstruktur geführt werden. Die bayerische Landbevölkerung wählt christdemokratisch, die bayerischen Großstädter, besonders die Münchner, aber wählen rot. Darum lockte man immer neue Hunderttausende nach München. Mit allen Mitteln einer euphorischen München-Propaganda (München: Weltstadt mit Herz) soll die an sich schon für das kleine Bayern übergroße Hauptstadt von einst siebenhunderttausend auf zwei Millionen vergrößert werden. Dieser für Bayern verbrecherische Unsinn dürfte für die bayerische Gemütlichkeit tödlich sein.

Dies wird eines Tages dazu führen, daß, wenn jeder dritte Bayer ein Münchner sein wird und im Trachtenlook in der Fußgängerzone vom Grabe P. Rupert Mayers, an der herrlichen Michaelhofkirche, bis zum Herzstück des Vaterlandes, bis zur uns heiligen Mariensäule, dahinschlendert, daß dann die SPD leider eine Kgl. Bay. Sozialdemokratie nicht mehr sein wird.

»Du bayerisches Vaterland, du fürchte dir!«

Was wird dann aus unserer Gemütlichkeit? – Aus unseren Zeremonien? Gewiß, auch diese zukünftige Münchner Weltstadtmassengesellschaft wird noch Zeremonien und Feste brauchen und ernst nehmen, fast so ernst wie die immense Zelebration der Olympischen Spiele von 1972! Durch die Olympiade wuchs München um vierhunderttausend Zuwanderer. Dazu sind die alten Grantler und faden Münchner aufs Land abgewandert. Jährlich ziehen etwa vierzigtausend Münchner aus dem babylonischen Ungeheuer hinaus aufs Land. Man ist sie gerne los. Aus ihnen wären keine Weltstädter geworden. Sollen sie nach Niederbayern und nach Oberfranken ziehen. Die vorwärtsstürmende und gesellschaftsbildende Münchner Stadt ist ihnen sogar beim Umzug behilflich.

Der Volkscharakter der Bayern verlangt nach einem König. Unsere Naivität braucht die illusionäre väterliche Geborgenheit und Autorität. Da haben wir zum Beispiel die bayerische Volksfrömmigkeit. Wie sollte sie sich entfalten ohne die Wiedereinführung des Königreiches? In der Kirche ist kein Platz mehr für Wallfahrten und Orchestermessen, für Donnerpredigten und Herz-Jesu-Andachten, für Rosenkränze und Prozessionen. Der Altar will ohne Thron auskommen können. Erst stürzte man die Throne, später verdrehte man die Altäre und schämte sich der Hochaltäre. Man baute Betonkirchen, für die kommende Generation geeignete Versammlungshäuser eifriger Parteizellen. Auch als Notgefängnisse können diese »Gotteshäuser« Verwendung finden. Finis Bavariae.

Der Zölibat bleibt freilich weiter ein Gebot. – Hätte man doch das Lateinische belassen und dafür diesen Zölibat abgeschafft! – Nein, umgekehrt verfuhren die hochgelehrten Kirchenväter, denn sie fühlten ja gesellschaftspolitisch relevant. Als ob die antikirchliche Agitation und Taktik nicht längst die Kriegslist des falschen Rates und des übelwollenden Beifalls angewendet hätte! »Je mehr sich der Gegner blamiert, desto schwächer wird sein Anhang. Darum helfen wir unfähigen Bischöfen auf ihre wackeligen Stühle, sie sind mehr wert im Kampf um die neue Gesellschaft als Parteimitglieder und Sympathisanten im Kardinalspurpur.«

Wie natürlich haben sich die Gläubigen in Bayern früher gegenüber gefallenen Priestern verhalten! »A Lump ist er – ausgenommen seiner heiligen Weihe!« Das war ein beliebter Satz. Oder man seufzte: »Ja no, solln's as halt aa heiratn lassn!« – Und das sagten nicht nur weltliche Diesseitsnaturen, sondern tiefreligiöse fromme Bauern mit siebzig und achtzig Jahren.

Man hielt ja hierzulande immer zum Herrn Hochwürden. Auch die weltliche Obrigkeit muß das früher getan haben, denn in manchen Hofmarksarchiven liegen Gerichtsakten, die in den Zölibatsprozessen die Konkubine verurteilen und nicht den geweihten Priester. Unterm Juni 1763 heißt es da zum Beispiel in einem Neumarkt-St. Veiter Niedergericht: »Zu fünfundzwanzig Stockhieben verurteilt wird die Maria Wandinger wegen Schwängerung durch den Hochwürdigen Benefiziaten von Mesmering.«

Der geistliche Herr kam mit einer Strafversetzung davon. Angezettelt hat das ganze Verfahren eine übelwollende Rivalin der Wandingerin. Ähnliche Vorkommnisse finden wir in Freising, wo ein übereifriger Fürstbischof einmal die ganze Familie eines Pfarrers auseinanderriß, sogar die Familien der gut verheirateten Pfarrerstöchter. Die Tragödien, die wir wegen des Zölibates erleben mußten, schreien zum Himmel.

Gottlob kamen sie nicht alle auf, unsere geliebten Hochwürden. Denn die Heimlichkeiten in der Liebe – sie sind ohnehin am schönsten – versteht unser Stamm unnachahmlich sicher und schön zu pflegen.

Gar mancher Zölibatzi hatte seine Zölibatesse. Sie waren nicht die schlechtesten Seelsorger. Unsere Bauern drückten großzügig ein Auge zu und halfen die Geschichten verschweigen, wenn die Herren sie nicht gar zu sehr übertrieben. Wurden aber die Haushälterinnen oder Zölibatessen gewechselt, konnten Skandale entstehen.

»Da der Hochwürdige Herr Kooperator die Vaterschaft leugnet und dieselbe auf den Lokalschulinspektor Hochw. Herrn Dekan Felix F. abschiebt, dieser aber wiederum den Hilfslehrer Franz W. als den Vater angibt, können wir der Kgl. Regierung von Oberbayern nur empfehlen, die obengenannte Schulverweserin Anna S. aus sittlichen Gründen vom Erzieherberufe zu dispensieren. K., den 7. Dezember 1906, Lutz, Kgl. Bezirksamtmann.«

Eine Ehrenrettung für die gefallene Schulverweserin unternahm der leidgeprüfte Onkel durch »Beibringung eines polizeilichen Führungszeugnisses«. Dieses Dokument lautet: »Die Schulverweserin Anna S. von K. hat sich vom 14. August bis zum 29. November 1906 bei ihrer Tante, der Schreinerswitwe Anna Z. dahier, aufgehalten und während dieser Zeit gut geführt. Dieselbe war stets zu Hause und verließ die Wohnung nur zum Zwecke des Kirchenbesuches. Am 15. Sept. hat dieselbe außerehelich geboren, welches Kind aber bereits am 8. Oktober wiederum verstorben ist.« –

Eine menschliche Tragikomödie zölibatärer Verstrickungen!

Natürlich hat der oder das Zölibat auch etliche gute Seiten. Er hat die Marienlyrik im Mittelalter angeregt, er hat die Liebesdichtung in der deutschen Literatur vorangetrieben, und er hat schließlich – als er im vergangenen 19. Jahrhundert neurotische Auswüchse auf allen Bereichen des Geschlechtslebens verursacht hat – die Psychoanalyse als befreiende Retterin auf den Plan gerufen. Ohne Zölibat und – im Verein mit ihm – ohne die übertrieben geforderte Tugend der Keuschheit und »Reinheit« wären unsere Groß- und Urgroßeltern nicht so entsetzlich verklemmt gewesen und hätten möglicherweise keinen Weltkrieg angefangen. Eine sicher übertriebene Konstruktion, denn die evangelisch-puritanische Prüderie soll noch krassere Neurosen hervorbringen.

Die Zusammenhänge sind vorhanden. Als die Jesuiten und ihre volkstümlichen Helfer, die Redemptoristen, nach den Napoleonischen Kriegen wieder aktiv geworden sind, brauchte der Orden ein neues Kampffeld. Gegen die Reformation jetzt nochmals anzutreten, wäre sinnlos gewesen. Da studierte man die Lage. Nach den langen Kriegen grassierte in Europa die Syphilis, und allenthalben herrschten verkommene Familienverhältnisse. Der Ruf nach mehr Sittlichkeit war unüberhörbar. Die Protestanten aber, im Gefolge der Pietisten, fühlten in der Religion ohnehin die Kraft des Sittlichen. »An ihren Früchten werdet ihr sie erkennen!« Ein ordentliches, rechtschaffenes Leben mußte schon um 1820/30 zuvörderst ein sauberes, ein reines, ein keusches Leben sein. Jetzt war die Zeit für den heiligen Aloysius gekommen, für jenen Gonzagaprinzen, der sich aus Keuschheit selbst den Anblick seiner nackten Füße versagt hat. Die marianischen Kongregationen kannten nur noch die Pflege der Keuschheit. Die Jungfrauenvereine einer jeden bayerischen Bauernpfarrei übten Tag und Nacht nur noch das Ideal der absoluten Keuschheit! – Bewahrt die Krone der Jungfräulichkeit, betet um die Tugend der Keuschheit! Der Teufel der Wollust schleicht umher wie ein brünstiger Stier! Seid wachsam! Liegt nicht wach im Bette! Treibt Sport! Ja selbst die Turner kommen aus dieser keuschen Pädagogik. Wer frisch, fromm, fröhlich und frei turnt, bleibt rein und keusch! Die Keuschheitsparolen währten von 1830 bis 1960 und nahmen an Intensität alljährlich zu. Es gab führende Geistliche, die noch um 1955 jeden Gasthof am liebsten angezündet hätten, der in der Toilette einen Präservativautomaten stehen hatte. Weder Drogerien noch Apotheken führten 1963 sündhafte Verhütungsmittel, wenn man gut katholisch war in der Gegend. Die sexuelle Enthaltsamkeit war zum christkatholischen und evangelischen Alptraum geworden. Und die sexuelle Befreiung, die in den letzten Jahren mit übertreibender Heftigkeit um die Welt braust, liegt unbedingt im Heilsplane Gottes.

Es ist nun besonders reizvoll zu wissen, daß der bayerische Volkscharakter sich von den eifrigsten Aloysiuskaplänen nie hat allzusehr unterdrücken lassen. »Und der Pfarrer beim Tag kann plärrn, wia er mag, wenns d'Leut amal sehgn, is d'Hauptsach schon gschehgn!« – Der gottselige niederbayerische Bauernpfarrer Franz Handwercher von Oberschneiding hat seine Pfarrkinder fast zu Heiligen gemacht. Im Laufe zäher Priesterarbeit von Jahrzehnten steigerte er die Beteiligung am Empfang der Sonntagskommunion von null auf beinahe hundert Prozent. Aber die Zahl der unehelichen Geburten konnte er nicht drücken.

Wer wirklich unbeweibt leben will, der kann in Bayern in ein Kloster eintreten, so er die nötige Begabung der Frömmigkeit besitzt. Aber man vergesse nicht, was ein bayerischer Barockprälat einmal gesagt hat: »Unser heiliger Vater Benedikt wollte keine allzu asketischen Söhne. O nein, er hatte diesen falschen Weg an sich gründlich ausprobiert. Er hat sich schließlich die Frage gestellt: Wie kann der Mensch in dieser Welt da so glücklich werden, wie es nur geht – und trotzdem gerade noch in den Himmel hineinkommen. – Und schauen S' – als Antwort auf diese wichtige Lebensfrage hat er seinen Orden gegründet!« – Gerade die Benediktiner sind in Bayern ein überaus beliebter und beheimateter Orden. Bavaria terra benedictina est! – Stärker noch als England. Und doch schreibt Bernard Shaw einer ihm befreundeten Nonne, daß im heutigen Engländertum immer noch mindestens ein Drittel Benediktinertum stekke. Die benediktinische Mäßigung und Toleranz kommen dem bayerischen Wesen am nächsten. Die Freude am Wirtschaften, an einer geordneten und fruchtbringenden Klosterökonomie, einer Klosterschänke, Brauerei et cetera, all das ist bayerisch, denn dieselben Mönche üben zugleich das Stundengebet, sie singen die Vesper und die Komplet, sie schreiben dicke und sehr gescheite Bücher, sie haben alle Wissensgebiete tradiert und vorangetrieben, sie sind heimatgebunden, schwören auf die stabilitas loci, auf die Seßhaftigkeit, und ihr geistiger Horizont ist europäisch. Der Herr erhalte dem Bayernstamm seine Benediktinerklöster, dann kann uns nie etwas passieren – weder ökonomisch noch geistig, denn als Benediktiner ist man – in Jahrhunderten gerechnet – immer auf der Höhe der Zeit. –

Nichts übertreiben! Die Laster nicht und nicht die Tugenden: 's Aufdrahn net und 's Sparn net, 's Essen net und 's Fasten net, 's Betn net und 's Singa net, 's Nötn net und 's Zwinga net, 's Liabn net und 's Büaßn net, 's Lacha net und 's Woana net, 's Juhschrein net und 's Foama net, die Abwechslung net und 's Treisein net. Naa, dös aa net, weil: Alls, was der Mensch übertreibt, wird leicht eine Untugend, wird ein Laster. –

Bayerisch heißt nicht unbedingt laut und derb und allerweil schnackerlfidel sein. Bayerisch sein muß man auch in einer stillen, guten Art können, in einer lieben leisen Melodie. Ergreifend der Heiland in der Wies! Erschütternd die Pieta in der Straubinger St.-Peters-Kirche. Liebreizend zärtlich und holdselig die Mariä Empfängnis in der Augstinerchorherrnstiftskirche in Weyarn. Mild und fein leuchtet die bayerische Liberalität, und die benediktinische taciturnitas gibt einem mehr unterhaltsame Freud als das ganze Oktoberfest. Salva venia! Ich möchte nichts gegen das Oktoberfest sagen. Aber bayerisch klingt nicht nur das laute: »Ein Prosit, ein Prosit der Gemütlichkeit!«, sondern nicht minder der beschaulichere Stammtischwunsch: »Einen freundlichen Umtrunk wünsch ich der lieben Freundschaft!«

Man zeigt und praktiziert die Nächstenliebe mehr, als es die bayerische Viehhändlerpfiffigkeit ahnen läßt. Wir Bayern haben nämlich nicht nur heilige Klosterfrauen und Mönche hervorgebracht, sondern auch heiligmäßige Ökonomen, Gastwirte, Bauernknechte und Mägde, ja sogar heiligmäßige Viehhändler hat es zwischen Main und Königssee gegeben. Wer es nicht glaubt, der blättere in der bayerischen Heiligenlegende herum! Da stoßen wir auf den frommen Bauern von Vohburg oder auf den braven Schuster von Ingolstadt, auf die Dienstmägde Radegundis und Notburga und so fort. Und zahlreich sind die Heiligen aus dem bayerischen Königshause. Die Herzogin Renate und die Margarete von Bayern, die selige Prinzessin Barbara, eine Tochter Albrechts III. Selig gesprochen wurde auch die Gemahlin Albrechts des Weisen, die Herzogin Kunigund. Im Rufe der Heiligkeit verstarb die Tochter Herzog Georgs des Reichen von Niederbayern, die gottselige Äbtissin von Altenhohenau, Margarete mit Namen. Berühmt ob ihrer Mildtätigkeit war die Pfalzgräfin Magdalena von Neuburg, eine Schwester des großen bayerischen Kurfürsten Maximilian I.

Der große Humus, aus dem die Kunstwerke unseres Stammes hervorgesprossen sind, ist die Frömmigkeit. Nur aus den bayerischen feurig-frommen Herzen jubiliert und singt es, malt und schnitzt es, dichtet und spielt es. Man sehe sich nur um in den ersten Kirchen des Landes! Man besuche die Museen und Ausstellungen der bayerischen Kunst! Die Frömmigkeit ist die spirituelle Triebfeder jeder künstlerischen Hingabe in Bayern. Ein frommes Herz verlangt aber nach einem König.

Es ist gleich, welchen Rang die Rolle unseres Lebens bekleidet. Ob Bettler, König, Bauer, Viehhändler, Schmied oder Zimmermann, Wirt oder Bräu, Bierfahrer oder Kellnerin, Bauernmagd oder Prinzessin, Kaufmannsgattin oder Sünderin, Schauspieler oder Gendarm, Doktor oder Professor, Fuhrmann oder Pilot, Jäger oder Wildschütz – es ist ein Ding vor Gott. Es kommt nur darauf an, daß wir die überkommene Rolle gut spielen. Der Herrgott ist ein scharfer Kenner unter den Theaterkritikern. Was du spielst, ist ihm gleich, wie du deine Rolle darstellst, das ist ihm wichtig. Ein König muß ein König sein, kein Bürger, Bauer, Viehhändler. Also sei ein jeder sein eigenes Original!

Die Schlitzohrigkeit der Viehhändler muß sprichwörtlich sein. Bayerische Viehhändler haben es besonders schwer, denn von dieser Sorte hat es schon zu viele Originale gegeben. Unsere Bauern haben da scharfe Ohren. Sie merken es gleich, wer ein nachgemachter ist und wer selber einer ist. Der Viehhandel ist auch eine zu ergiebige Szene. Da kann man aufeinanderprallen und immer wieder dagegen argumentieren. Es hat bayerische Viehhändler gegeben, die ihre Rolle wesentlich besser gespielt haben als mancher König die seine.

Ein rührendes Foto zeigt den greisen Prinzregenten Anno 1912 – in seinem 92. Jahr – auf dem Münchner Pferdemarkt. General von Stetten begleitet den immer noch am Roßhandel interessierten Monarchen. Und ringsum sieht man die gerissensten Viehhändler des Königreiches. Unter ihnen der Held-Korbinian von Geisbach. Von ihm wird erzählt, daß er selbst Seiner Kgl. Hoheit schon einmal eine alte Stute als eine trächtige Sechsjährige verkauft habe. Und hat des Königreiches Bayern Verweser auf dem Roßmarkt gewiß ein scharfes Auge gehabt, wenigstens bis in sein 90. Jahr. Aber der Heldkurbi war in seiner ehrlichen, überzeugenden und naiv-raffinierten Roßtäuscher-Originalität eben umwerfend vortrefflich. Er verfügte nicht nur über detaillierte Fachausdrücke, sondern konnte auch noch stundenlang altbayerische Sprichwörter zitieren: »Ja mei, Kgl. Hoheit, die schön' Weiber und die schön' Ross habn schlagende Tugenden!« – »Laß's renna, Herr Graf, unserne Rösser san net dabei! – Sagt man. Gewiß. Aber: Dieser Gaul hat einen Stern. Und man nennt koan an Blaßl, er hat denn an Stern! Dieses Pferd bringt Glück in jeden Stall – und sei es ein Kgl. Marstall oder ein Saustall. Da drauf leiste ich jede Garantie.« Und auf den Bauernhöfen renommierte er, der aus dem Kgl. Marstall schon einmal sechs ausgediente alte Pferde aufgekauft hatte, und schrie: »Ja was buidst du dir ein, du Bauerndada? Moanst du, der König von Bayern legt Wert auf meine Handelschaft, weil ich ein Leutbetrüager bin? – Niemals nicht! Ich bin ein kgl. Bay. Viehhändler und Hoflieferant des Kgl. Bay. Marstalls.«

»Wer ko, der ko«, hat der alte Pferdehändler und Fiaker Krenkl Seiner Majestät Ludwig I. zugerufen und hat ihn mit seinem schneidigen Gespann überholt. Bei Auffahrt des Hofes auf dem Oktoberfest mußte der Krenkl mit seinen flotten Fuchsen warten, bis die Equipagen des Hofes passiert hatten. Da erblickte der König den wartenden Krenkl und zahlte ihm mit den gleichen Worten zurück: »Wer ko, Krenkl, der ko!«

»Da mögst ja glei Greanbaamwirt werdn!« Wenn es ganz hoch hergeht in einem kleinen Wirtshaus und man sich überhaupt nicht mehr auskennt, und dann erscheint auch noch an so einem Tag Seine Majestät der König, dann ist es zum Aus-der-Haut-Fahren, dann kann man ausrufen, ja da mögst ja glei Grünbaumwirt werden. –
Dieser Greanbaamwirt machte vor der Majestät eine tiefe Verbeugung. Und Ludwig I. fragte ihn: »Wer sind denn Sie, lieber Mann?« – »I?« antwortete der aufgeregte Gastwirt, »i waar der Greanbaamwirt, Majestät.« – Und Ludwig, der als geborener Pfälzer den altbayerischen Konjunktiv nicht als Höflichkeitsform erkannte, fragte den Wirt: »So, der waren Sie. Ja, wer sind Sie denn jetzt?« – »Halten zu Gnaden, Majestät, i waar's noch.«
Da mögst ja glei Greanbaamwirt werdn! – A liabe Majestät waar halt wieder was fürs bayerische Gmüat! A Kini muaß her, sonst is er bald ganz verspuit, der bayerische Volkscharakter.
Als Ludwig II., unser vielgeliebter Märchenkönig, im Starnberger See ertrunken war, zogen Tausende treuer Untertanen nach Berg, um der Unglücksstätte einen Besuch abzustatten. Viele von ihnen schnitten aus der Ruhebank am See, auf der Dr. Gudden und Seine Majestät zuletzt gesessen sind, Holzsplitter heraus, um dieselben als Reliquien nach Hause mitzunehmen. Einige schöpften sogar an der Unglücksstelle Wasser aus dem See, wuschen sich damit die Augen aus wie mit einem heiligen Quell oder nahmen von dem Wasser eine Flasche voll mit. Es wurden Postkarten verkauft, die ein bayerisches Dirndl zeigten, das ein mit Rosen umranktes Medaillon des Königs ehrfürchtig in Händen hielt, und im Hintergrund aus dem Fenster sah man Schloß Neuschwanstein. Das Pendant dazu: ein Chiemgauer Bursch legt seinen Arm voll Schwermut auf das ebenfalls rosenbekränzte Medaillon Ludwigs, und im Hintergrund leuchtet Schloß Herrenchiemsee. Während auf dem Bildnis des Trachtendirndls der König in Zivil dargestellt

ist, zeigt ihn das Porträt, das der Bursch umfaßt hält, in blauer Paradeuniform. »Drum zu prächtig kein Platz und kein Denkmal zu hehr, daß es des geliebten Königs nicht würdig wär!«

Andere sozialdemokratische Parteien Europas stehen und standen treu zu ihren angestammten Königshäusern. Die bayerischen Sozialdemokraten haben Anno 1918 König Ludwig III. gestürzt. Dieser »Königsmord« haftet der Partei an und bringt ihr in Ewigkeit kein Glück. König Max II. hat zum Beispiel den Arbeitern mehr geholfen in seinem »St.-Johannis-Verein« oder mit seinen Arbeiterwohnungsbauten, ja sogar in seinen Bemühungen um die Bildung der Arbeiter als gar mancher Theoretiker und Marxist. Und Max II. ist sechs Jahre vor dem Erscheinen des Kapitals von Karl Marx bereits gestorben. Damals diente der spätere bayerische Sozialistenführer Georg von Vollmar noch als Leutnant des heiligen Petrus in der päpstlichen Armee des Kirchenstaates.

Wer weiß von den Bemühungen der bayerischen Königin Marie um das Rote Kreuz? Schon bei der ersten bayerischen Mobilmachung gegen Preußen im italienischen Krieg von 1859 kannte die bayerische Armee die Einrichtung des Roten Kreuzes.

Darum, ihr Arbeiter und Angestellten Bayerns, fordert eueren König wieder, und alles andere wird euch dazu gegeben werden! Laßt die Kgl. Haupt- und Residenzstadt nicht zu einer elenden Drei- oder Viermillionenstadt aufblähen! Ihr werdet in Beton, Glas und Stahl zugrunde gehen, und von der bayerischen Gemütlichkeit wird nur noch die Sage berichten.

Die Kgl. Bay. Fronleichnamsprozession

Wenn heute katholische Zeitungen das bayerische Königtum in dem alten, undankbaren und lächerlichen Revoluzzerton zu schmähen versuchen, dann tut einem das so himmelschreiend weh wie das amerikanische Bom-

bardement auf die Münchner Residenz im letzten Kriegsjahr.
Die unverschämte Undankbarkeit der Kirche gegenüber dem bayerischen Königshaus kann nicht scharf genug angeprangert werden. Allein, was König Ludwig I. für die heilige römische Kirche in der ganzen Welt getan hat, materiell und geistig-geistlich, das war mehr und bedeutender, als die Kardinäle der letzten fünfzig Jahre zusammen erreicht haben. Es gibt keinen Kontinent, Australien nicht ausgeschlossen, in dem unser Bayernkönig nicht aus seiner Privatschatulle mehrere Gotteshäuser hat erbauen lassen. Er hat bayerische Benediktiner nach den USA geschickt, und sie erblühten dort zur stärksten Ordensprovinz der Welt. Er hat den Ludwigsmissionsverein gestiftet, und die missionarische Begeisterung, die diese Kgl. Bay. Stiftung entfachen konnte, hat paulinische Ausmaße erreicht. Er hat in Bayern selber die Schäden der Säkularisation beseitigt, er hat zahlreiche Klöster neu gegründet und dotiert, er hat der katholischen Kirche den letzten sakralen Originalstil, den Nazarenerstil, geschenkt, er hat ihr mit dem Wichtigsten gedient, mit der seelenerhebenden, tröstenden und Gott preisenden Sehnsucht nach Schönheit. Er hat dem Priestertum durch seinen väterlichen Freund, den Bischof Michael Sailer von Regensburg, neue Impulse gegeben: romantische Frömmigkeit und Menschenfreundlichkeit! Das waren volksverbundene und originelle bayerische Bauernpfarrer mit dem Herz auf dem rechten Fleck! – »Katholisch sollen meine Bayern sein, römisch-katholisch wie Sailer, aber nicht petrinisch-römisch-katholisch wie Reisach!« – Das Heil kam damals für das christliche Bayern aus Regensburg, nicht aus München. Und heute scheint es wieder so zu sein.
»Und dann kommt der Prinzregent, Prinzregent, Prinzregent!
Mit der Kirzen in die Händ, die nimmer brennt!«
Die Kgl. Bay. Fronleichnamsprozession in München war ein so glanzvolles Ereignis wie die Königskrönung, die

Huldigung, die Eröffnung des Parlamentes und die Kgl. Beisetzungsfeierlichkeiten zusammen genommen.
Noch im Mai 1918 wurde auf großem Bogen guten Papiers die Einteilung der Fronleichnamsprozession von dem Kgl. Oberstzeremonienmeister, dem Grafen von Moy, unterzeichnet und in den Druck gegeben. Ein allerletztes Dokument der glanzvollen bayerischen Monarchie. Sie beginnt mit den großen Worten des uralten Protokolls: »Seine Majestät der König werden geruhen, am Fronleichnamstage, 30. Mai um 7 Uhr früh, dem feierlichen Hochamte anzuwohnen und die sich daran anschließende Prozession zu begleiten.«
Wie in den Vorjahren und wie auch in den früheren ernsten Kriegszeiten, so ist dieser öffentliche Bittgang besonders dazu ausersehen, um den Segen des Himmels für unsere Waffen zu erflehen. – Gemäß Allerhöchster Verfügung werden sowohl die Herren vom Großen Gefolge als auch die Beamten der Königlichen Stellen und Behörden zu dieser Kirchenfeier möglichst zahlreich erscheinen. Man versammelt sich am Donnerstag, den 30. Mai um 6¾ Uhr morgens in der Metropolitanpfarrkirche zu U. L. Frau; das Große Gefolge stellt sich im Schiffe der Kirche zum Empfange Seiner Majestät auf. Die Herren Offiziere kommen im Paradeanzug. Die Herren im Zivil in der Uniform mit Band.
Die Prozession wird nach bisherigem Gebrauche in folgender Ordnung begleitet: Der Königliche Hoffurier, der Klerus, der Kgl. Kammerfurier, zwei Kgl. Kämmerer als funktionierende Zeremonienmeister, der Oberstzeremonienmeister. Dann das Sanktissimum. Dahinter Seine Majestät der König, zur rechten Seite der stellvertretende Generalkapitän der Leibgarde, zur Linken der Generaladjutant vom Dienst. Es folgen die Durchlauchtigsten Prinzen des Königlichen Hauses, Höchstihrige Adjutanten zur Seite. Die übrigen Herren vom Dienste Seiner Majestät und Ihre Königlichen Hoheiten reihen sich dem Zuge in die ihnen jeweils persönlich zustehenden Rangklassen ein. Daraufhin folgen je zwei zu zwei: die Kam-

mer der Reichsräte, die Kammer der Kgl. Abgeordneten, die Herren vom Großen Gefolge nach ihrem Range, die dienstfreien Hauptleute, Rittmeister und Subalternoffiziere und die im Gleichrange stehenden Sanitätsoffiziere, die Beamten des Kgl. Hofes, die Beamten der übrigen Höfe. Daran schließen sich an die Beamten der Staatsministerien und der denselben untergeordneten Stellen und Behörden, und zwar vom Staatsministerium des Kgl. Hauses und des Äußeren: die Beamten des Ministeriums nach ihrem Range, das geheime Hausarchiv, das geheime Staatsarchiv, das Allgemeine Reichsarchiv und das Kreisarchiv München, das Oberbergamt und die Berginspektion, das Kgl. Arbeitermuseum.« – (Es war dies ein die Entwicklung der Arbeiterfrage und der sozialen Einrichtungen darstellendes Museum, eine Kgl. Bay. Kuriosität, die man nicht unterschätzen darf.)
Nach dem Staatsministerium des Kgl. Hauses und des Äußeren zogen die Herren vom Justizministerium betend und singend in der Prozession mit. Es folgten die Ministerien des Inneren, zu dem auch – damals schon – eine Untersuchungsanstalt für Nahrungs- und Genußmittel sowie eine bakteriologische Untersuchungsanstalt und der Landesimpfarzt gehörten. Nach dem Staatsministerium für Kirchen- und Schulangelegenheiten folgten der Finanzminister mit seinen Herren. Der Verkehrsminister mit seinen schmucken Eisenbahnbeamten und Postbeamten, die alle in der Kgl. Bay. Galauniform mitgingen, erhöhten die farbige Pracht des festlichen Zuges jetzt am Ende der Prozession noch einmal ungemein. Für viele Münchner waren gerade jetzt die familiären Höhepunkte mit Stolz zu erleben. »Siehgst an, Papa? Da, bei die Kgl. Postschaffner geht er mit! Schneidig, gell! Und der Herr Minister von Seidlein mit seinen Herren war der Allerschönste!« –
Nach den vornehmen Bürokraten des Kultus-, des Innen- und des Finanzministeriums kam jetzt noch einmal dieser handgreifliche technische Pomp, der sich gar leicht militärisch gab. »Ui, die schaugts an! Dös san die Her-

ren Lokomotivführer! Und die vorausgehn, dös san die Kgl. Schnellzugslokomotivführer und die Kgl. Oberlokomotivführer!«

Und die Kapelle der Kgl. Eisenbahner in München intonierte wieder einen feierlichen frommen Choral, ein Tantum ergo von Ett. Da lobte man noch mal das Höchste Sakrament!

Und dann war die Prozession noch lange nicht am Ende. Jetzt kam die militärische Spitze! Voraus Seine Exzellenz der Kgl. Bay. Herr Kriegsminister, begleitet von den Herren Offizieren, hohen und höchsten Beamten. Da konnte man noch mal Generalstäbler sehen.

Und nun wurde es gemütlich münchnerisch. Der Herr Oberbürgermeister mit den Municipalräten, mit dem Magistrat und dem Kollegium der Gemeindebevollmächtigten und dem »Armenpflegschaftsrat der Kgl. Haupt- und Residenzstadt«, umgetan mit goldenen Amtsketten, im eleganten Gehrock, den Zylinder in der Hand, trugen sie die Sorgen der Kommunalpolitik prangend hinter dem Allerheiligsten her.

Jetzt erst kamen die Zünfte und die Vereine, die Pfarreien und die übrigen Christkatholischgläubigen.

Der Oberstzeremonienmeister Graf von Moy fügte dem prächtigen Circular noch hinzu: »Anfahrt am Hauptportal. Bemerkung: Sollte die Prozession wegen ungünstiger Witterung die Kirche nicht verlassen können, so schließen sich ihr ausschließlich die im Presbyterium versammelten Herren an.«

Es hat selbstredend auch zwischen Thron und Altar gelegentlich Zerwürfnisse gegeben. Sie gingen immer von den Ordinariaten aus. Besonders zwischen Reisach und Ludwig I. stimmte es nicht. Als Ludwig an seiner Mätresse Lola Montez festhing und der Kardinal ihm Vorhaltungen machte, schrieb der König lakonisch zurück: »Bleib du bei deiner Stola, ich bleib bei meiner Lola!« – Als der fromme Leibarzt Professor Ringseis dem König wegen der Marchesa Fiorenzi ins Gewissen reden wollte, verbannte der Monarch den Doktor samt dem Beichtvater von der Frühstückstafel: »Nicht erinnert will ich werden an Krankheit und Sünde an Morgen wie heut!« Die Untertanin des Papstes zu Perugia, die Marchesa Fiorenzi, ließ von der Ewigen Stadt einen neuen Beichtvater kommen für die Dauer des Kgl. Aufenthaltes bei ihr. Und dieser Pater sagte tolerant und weise: »Bei Königen ist's nicht immer eine Sünde.«

Die ärgste Verstimmung gab es, als die liebe Königin Therese, die evangelische Hildburghauserin, beerdigt werden sollte und die katholischen Geistlichen wegen der Anwesenheit von ketzerischen evangelischen Amtsbrüdern nicht mitgehen wollten. Das brach dem alten König beinahe das Herz. »So kleinlich zeige sich niemals mehr ein römischer Katholik in Bayern!« Noch in den fünfziger Jahren hat sich in Würzburg einer so kleinlich gezeigt!

Thron und Altar ermöglichen ein Optimum an repräsentativer Prunkentfaltung. Und erst wo sich die heiligen Königszeremonien mit den Mysterien des Göttlichen mischen und mengen, da entfalten die Symbole Urkräfte, die jede Seele erschauern lassen in heiliger Ehrfurcht. – Diese Urkräfte wird der Massenmensch der Zukunft nötiger haben als Kurzweil und Appetit.

Und jeden Samstagabend wird vor der Mariensäule am Marienplatz in München, vor der Patrona Bavariae, unter Assistenz von Militärkapellen, hoher Geistlichkeit und Vertretern der Königlichen Familie eine Rosenkranzandacht abgehalten werden. Denn Maria, die Königin des Friedens, ist zugleich die Schutzfrau Bayerns.

Von den Erzbischöflichen Dispensen vom Abstinenzgebote für die Kgl. Hoftafel

Es kann nicht jeder Festtag auf einen Sonntag fallen. Manchmal muß der König auch an einem Freitag öffentlich dinieren. Aber in Bayern ist man katholisch und hält sich an das Abstinenzgebot. Man ißt am Freitag, in treuer Erinnerung an den Kreuzestod Jesu Christi am Karfreitag, kein Fleisch. Dies ist nicht nur ein Kirchengebot, sondern auch eine bayerische Observanz. Noch lange nach den fortwährenden Erleichterungen im Abstinenz- und Fastengebote übten bayerische Katholiken sich der Enthaltung vom Fleische am Freitag. Und an der einmaligen täglichen Sättigung während der vierzigtägigen Fasten hielt man lange fest. Die *Abendzeitung* hat freilich jetzt mit mehr Erfolg als der Heilige Stuhl in Rom die Verwaltung des Fastengebotes übernommen. Es winken Pressehinweise mit Foto für erfolgreiche Teilnehmer an der »Frühjahrsfastenkur«. So etwas ist anziehender als der Geruch der Heiligkeit.

An der Kgl. Bay. Hoftafel wurde von den diensthabenden Zeremonienmeistern selbstredend ungemein präzise sowohl das Fasten- als auch das Abstinenzgebot eingehalten. Dazu kam noch das Quatembergebot, das Verbot, während der Fastenzeit gemischte Tafeln abzuhalten, also Fisch- und Fleischspeisen gemeinsam zu servieren.

Der Oberhofmarschall persönlich bemühte sich um notwendig werdende Dispensen. »Der Kgl. Bay. Obersthofmeister Graf Seinsheim an Seine Excellenz, den Hochwürdigsten Herrn Erzbischof von München und Freising, Franziskus Ritter von Stein! Anläßlich des Geburtstagsfestes Sr. Majestät des deutschen Kaisers und Königs von Preußen sieht sich auch der Kgl. Bay. Hof veranlaßt, eine Hoftafel abhalten zu sollen. S. K. H. der Prinzregent Luitpold hat nun den Termin für diese Hoftafel, zu der auch der preußische Gesandte geladen werden wird, auf den 14. Januar gelegt. Da dieses jedoch ein Freitag, stellen wir an Sie, Excellenz, ergebenst die Bitte, die Kgl. Bay. Hoftafel an diesem Tage vom Abstinenzgebote befreien zu wollen! In ausgezeichneter Ehrerbietung haben wir die Ehre zu grüßen: Graf Seinsheim, Obersthofmarschall.« Es wird noch die Bemerkung hinzugefügt, daß Fastenspeisen allein zu servieren gewisse Kreise in Berlin vielleicht als eine bayerische Wunderlichkeit ansehen könnten.

Der Erzbischof ist ganz der Meinung des Obersthofmar-

schalls. Er schreibt eigenhändig: »Hochgeborener, erlauchtiger Herr Graf! Euerer Excellenz gnädiges Schreiben beehre ich mich ganz ergebenst dahin zu erledigen, daß für die Hoftafel zu Ehren des Geburtstages Sr. Majestät des Königs von Preußen und deutschen Kaisers am Freitag den 14. Januar kommenden Jahres die oberhirtliche Dispens kraft der mir vom Heiligen Stuhle erteilten Vollmachten von dem Abstinenzgebote erteilt sei und die Kgl. Hoftafel sich dem fleischlichen Genusse an diesem Tage hingeben darf. – Desgleichen wird die nämliche Dispens auch dem bei diesen Tafeln diensthabenden Personale gewährt. Genehmigen Eure Excellenz bei diesem Anlasse den Ausdruck der ausgezeichneten Ehrerbietung, in welcher ich zu geharren die Ehre habe. München, den 9. November 1905. Eurer Excellenz ganz ergebenster Dr. Stein, Erzbischof von München und Freising.«
Dem Akt der erzbischöflichen Dispenssachen für die Kgl. Bay. Hoftafel ist anzusehen, daß viele Marschall-, Hof- und Familientafeln, also offizielle Galatafeln, häufig dann auf einen Freitag verlegt worden sind, wenn man der Großartigkeit und Auszeichnung dennoch einen kleinen Schatten überziehen wollte. Man hatte dabei doch noch die Möglichkeit, ein großes Aufheben zu machen. Man konnte darauf hinweisen, daß der Erzbischof die Dispens nur ungern gewährt habe, da man ja derzeit besonders streng am Abstinenzgebote hänge. Auch mußte vor dem Tischgebete der Oberstzeremonienmeister in feierlicher Form das Dispensschreiben des Erzbischofs der Tafel vorlesen. Das war ein Akt, der bereits ein eigenes Tableau machte. Der Zeremonienmeister, begleitet von Adjutanten, trat vor die Hoftafel, entfaltete ein Schreiben und verlas in feierlichem, archivalischem Tone: »Majestäten, höchste und hohe Herrschaften, Excellenzen! – Der Hochwürdigste Herr Erzbischof von München und Freising übersendet der Kgl. Hoftafel in großer Ehrerbietung dieses väterliche Schreiben: Da in der ganzen katholischen Christenheit heute an einem Freitage der Genuß von Fleischspeisen verboten ist, eingedenk des

Leidens und Sterbens unseres Herrn und Heilandes Jesus Christus an jenem schrecklichen Karfreitage zu Jerusalem, hat die Kgl. Hoftafel für ihr heutiges Festessen durch den Obersthofmeister um die erzbischöfliche Dispens vom Abstinenzgebote höchstgefällig nachgesucht. Seine Excellenz der Hochwürdigste Herr Erzbischof Ritter von Stein hat nun kraft seiner Autorität und kraft der ihm vom Papste verliehenen Vollmachten die Kgl. Hoftafel für den heutigen Freitag von dem Abstinenzgebote befreit.« –

Erst jetzt wurde das Tischgebet gesprochen, und dann begann das Auftragen der Speisen. Trotz der Erzbischöflichen Dispens soll S. K. H. der Prinzregent einmal nur Mehlspeisen gegessen haben.

Anläßlich des Besuches Sr. Majestät des Königs von Spanien tafelte man am Freitag, den 17. November 1905. Der spanische König hatte seine eigene Dienerschaft dabei. Darum heißt es in dem erzbischöflichen Dispensschreiben: »... Desgleichen wird Dispens vom Fleischgenusse am genannten Freitag sowohl für die spanische Dienerschaft als auch für das diensthabende Personal des hiesigen kgl. Hofes hiemit gewährt.«

Es gibt eine Menge Dispensgesuche und Dispensgewährungen. »Anläßlich der silbernen Hochzeit Ihrer Kgl. Hoheit Prinz und Prinzessin Arnulf von Bayern findet am Freitag den 12. eine Kgl. Familientafel statt. Euere Excellenz ersuche ich ganz ergebenst, für diese Tafel Fastendispens geneigtest bewilligen und mir gefällige Nachricht hierüber zur Beruhigung des allerhöchsten christkatholischen Gewissens Sr. Kgl. Hoheit des Regenten zukommen lassen zu wollen. Genehmigen Eure Excellenz zugleich die Versicherung der ausgezeichnetsten Hochachtung und Verehrung, womit ich bin Eurer Excellenz ganz ergebenster Graf Seinsheim.«

Schwieriger wird es, wenn es gilt, anläßlich einer Hoftafel die Dispens zugleich für das ganze Königreich Bayern zu bekommen. Dies war der Fall am 2. Fastensonntag 1911, am 12. März. S. Kgl. Hoheit der Prinzregent feierte an diesem Fastensonntage seinen 90. Geburtstag. Er wollte eine Fastendispens für das ganze Königreich. Aber sowohl der Erzbischof als der Generalvikar Neudecker als das gesamte Ordinariat sahen sich mit diesem Ansuchen überfordert. Vor allem machte die Dispens von dem kirchlichen Verbote der Mischung von Fisch- und Fleischspeisen Schwierigkeiten. Die Mischung von Fisch- und Fleischspeisen war in der Fastenzeit allgemein untersagt. Der Münchner Erzbischof und Metropolit von Bayern konnte davon nicht dispensieren, vor allem nicht das ganze Königreich. Der Apostolische Stuhl wurde bemüht, und Papst Pius X., der Heilige, willfahrte der Bitte und gewährte allen Bayern zum 90. Geburtstag ihres Regenten die gewünschte Fastendispens.

Vom Ausmaße der Feierlichkeiten dieses 90. Geburtstages haben wir keine Ahnung. Es war ein großes Kgl. Bay. Geburtstagsfest mit Festtafeln in allen Städten, Märkten und Gemeinden. Mit Festgottesdiensten, Böllerschießen und Prosittrinken auf die Gesundheit des greisen Monarchen.

Tausende von kleinen Mädchen sagten das berühmt gewordene offizielle Geburtstagsgedicht auf.

»Heil unserm Prinz-Regenten!
Laßt von den Häusern wallen
Die Banner weiß und blau,
Und Jubel soll erschallen
In Dorf und Stadt und Gau!
In unserm lieben Bayern
Wird jung und alt nicht müd,
Den Landesherrn zu feiern
Mit hehrem Wort und Lied.
Denn trotz der neunzig Jahre
Auf seiner Lebensfahrt
Hat er im Silberhaare
Sich Jugendkraft bewahrt.«

Die letzte von den acht Strophen sucht einen Reim auf Luitpold – und findet ihn.

»Die alte Bayerntreue,
So echt wie lautres Gold,
Wir weihn sie heut aufs neue,
Dir, Vater Luitpold!«

Der Prinzregent ließ mehrere tausend Bayern mit den verschiedensten Orden auszeichnen. Und er ließ durch seine Geheimkanzlei, also durch seine Kabinettsekretäre, die bayerische Staatsregierung bitten, daß möglichst alle Bevölkerungsschichten von diesem Ordensregen erfaßt werden möchten: »Alle Berufs- und Erwerbsstände!« Dazu die beiden Kammern des Landtages, die Beamtenschaft, die Armee, die Arbeiter, die Vertreter der Kreise und Distrikte und Gemeinden, die Geistlichkeit und Lehrerschaft ja besonders gleichermaßen, die Künstler und Wissenschaftler, die Eisenbahner und Postler ebenso gleichermaßen; die Vertreter der Landwirtschaft dürften nicht vergessen werden. Auch an etliche Industrielle und Kaufleute solle man denken und natürlich an die verschiedensten Handwerksmeister! Auch die Dienstboten sollten Orden erhalten und die Medizinalpersonen und die freiwilligen Krankenpfleger. Am Schlusse denke man auch noch an die Feuerwehr, an die Veteranen, an die Bayernvereine im Ausland und ganz am Ende an die Rechtsanwälte. Darüber hinaus hat der Prinzregent auch noch eine eigene Medaille prägen lassen, die »Prinzregent-Luitpold-Medaille«. Sie trug mehr den Charakter einer Erinnerungsmedaille und konnte jeder erwerben oder geschenkt bekommen.

Und der Papst also dispensierte zu diesem Festtage alle Bayern vom Fastengebot! – Welch ein Fest! Der Bierverbrauch schwoll an diesem Tage höher an als an einem heißen Julitag, denn überall trank man auf die Gesundheit des rüstigen Neunzigjährigen, in Schwaben und in Unterfranken, in Niederbayern und in der Oberpfalz, in Mittelfranken und in Oberfranken, in Oberbayern und in der Rheinpfalz, im gesamten Königreich Bayern rechts und links des Rheines. –

Fastendispense wurden auch in der Presse veröffentlicht.

Ohne Fasten- und Abstinenzgebote gibt es natürlich keine Dispens von diesen Geboten. Um die Kgl. Bay. Hofzeremonien wieder ordentlich einführen zu können, müßte die Kirche erst wieder strenge Fastengebote einführen. Welch eine Einflußmöglichkeit der Bischöfe auf die Politik!
Seine Eminenz, der Hochwürdigste Herr Kardinal und Erzbischof von München und Freising, Metropolit von Bayern, hat das Gesuch des Obersthofmarschalls um Dispens vom Abstinenzgebot für die Kgl. Hoftafel, anläßlich des Besuches des zweiten Sekretärs des Zentralkomitees der Kommunistischen Partei Chinas, am Freitag der kommenden Woche abgelehnt. Der Oberzeremonienmeister Graf Fürstenfeld zeigt sich darüber sehr bestürzt und – da eine Verschiebung der Galatafel zu Ehren des chinesischen Staatsmannes und Politikers nicht mehr möglich sein wird – erschreckt von den dann zu servierenden Fastenspeisen. Wenngleich man Chiemseerenken, Donauwaller, oberfränkische Karpfen, einen Hecht aus dem Lech und Forellen aus einem niederbayerischen Bauernbächlein anbieten wird, werden doch die obligaten bayerischen Mehl- und Fastenspeisen dem Gast aus China womöglich sehr fremd sein. Man denke zwar an die Lieblingsspeise Sr. Majestät, Dampfnudeln mit Zwetschgenbrühe, jedoch sehe man sich wegen der wieder einmal völlig unerwarteten Härte des Kardinals außerstande, Kronfleisch mit Kren, Tafelspitze, Schweinebraten mit Knödel und ähnliches auftragen zu können. Ja, man werde dem hohen Gast an der Kgl. Ehrentafel nicht einmal Kgl. Bay. Weißwürste versuchen lassen können. Der Obersthofmarschall überlegt bereits, ob man die Kgl. Hoftafel an diesem Freitage nicht im Schlosse zu Neuschwanstein abhalten könne, da Seine Exzellenz, der hochwürdigste Herr Bischof von Augsburg, wie Weihbischof Schmidt mitteilte, der Kgl. Hoftafel auf dem Schlosse Ludwigs II. sehr wohl und von Herzen gern die notwendige Dispens vom Abstinenzgebote geben würde.

Nach längeren Hinundherverhandlungen zwischen dem Oberhofmarschallamt und dem Erzbischöflichen Ordinariate kam es dann doch zu einer Einigung. Der Kardinal dispensierte zum Teil und genehmigte eine Fleischspeise. Der Zeremonienmeister ist mit dieser Lösung, wie er gestern dem Kgl. Bay. Fernsehen in einem Interview mitteilte, gar nicht glücklich. Er verlange zumindest noch die Zulassung der Weißwurst. Der Kardinal erklärte in einem energischen Statement, daß die Abstinenz- und Fastengebote nun im Zuge der vierten nachkonziliaren Epoche mit aller Feste und Energie gehalten werden müssen. Der wahre Christ zeige sich darin, daß er am Freitag kein Fleisch esse, erklärte der Kardinal in strenger Unerbittlichkeit. Auch Könige und Kommunisten aus China seien von diesem Gebote nicht zu dispensieren. In der großen Roundtablediskussion »Europa und die Welt« wird sich das Kgl. Bay. Fernsehen morgen mit dem Streit um die Dispens von dem Abstinenzgebote für die Kgl. Hoftafel befassen. Unter den Gesprächspartnern werden wir den Kgl. Oberzeremonienmeister Graf Fürstenfeld und Seine Eminenz den Hochwürdigsten Herrn Kardinal erleben können. Ferner wirken mit die Dekane der theologischen, medizinischen, philosophischen und tierärztlichen Fakultäten und, für die Gewerkschaften, der Vorsitzende der Kgl. Gewerkschaft ÖTV, Seine Exzellenz der Graf von Dachau. Der Kgl. Bay. Außenminister wird ein Schlußwort sprechen.

Man glaube nicht, das sei ein bedeutungsloses Thema! Dispense sind es wert, so ernst genommen zu werden wie Staatsbesuche und Paraden. Und wer sich nicht an das Fastengebot hält, stirbt früher.

»Rom, den 18. April 1913. Euer Excellenz, hochgeborener Herr Graf! – Auf Euerer Exzellenz höchstgefällige Anfrage, deren Beantwortung sich zu meinem lebhaften Bedauern durch das Nachsenden nach Rom um zwei Tage verzögert, beehre ich mich ergebenst zu erwidern, daß für die Teilnahme an den während des Allerhöchsten Aufenthaltes in der Pfalz in Aussicht genommenen Tafeln sowie für das Dienstpersonal von dem Abstinenzgebot, das an den Quatembertagen die Mischung von Fleisch- und Fischspeisen verbietet, für den Umkreis meiner Diözese dispensiert ist. – Indem ich die Versicherung ausgezeichnetster Hochachtung wiederhole, habe ich die Ehre zu geharren Euerer Excellenz ganz ergebenster Michael von Faulhaber, Bischof von Speyer. An die Adresse des hochgeborenen Herrn Grafen von Seinsheim, Obersthofmeister Seiner Majestät des Königs von Bayern, Excellenz in München.« –

Kgl. Tafelmusik

Bei Hofbällen soll die letzte bayerische Königin, die gute und brave Maria Therese in ihrem Thronstuhl gelegentlich leicht eingenickt sein. Getanzt haben Ihre Majestäten nicht mehr. Viele Verpflichtungen übernahm bereits der Kronprinz Rupprecht, der ein sehr kunstsinniger Monarch zu werden versprach, eine Art König Ludwig I. Rupprecht war freilich auch ein großer bayerischer Militär, und man sieht es seinen Tagebuchaufzeichnungen während des Ersten Weltkrieges an, welche Bescheidung und Friedenssehnsucht, aber auch welch klaren Generalstabsblick der bayerische Kronprinz und Kommandeur der 6. Armee besessen hatte.
Ein entzückendes allerletztes Frühjahrsparadebild zeigt König Ludwig III. zu Pferd, begleitet von Generalleutnant von Stetten und Kronprinz Rupprecht. Davor stehen stramm in Uniform der Erbprinz Luitpold, der kurz darauf an Kinderlähmung sterben mußte, und als ganz kleiner Bub der heutige Erbprinz eines bayerischen Königreiches, Herzog Albrecht von Bayern.
Der bayerische Militarismus war immer sehr musikalisch. Nicht selten durften die glänzendsten Militärkapellen deshalb dem Königе in der Residenz vorspielen. Es gab sogar militärische Tafelkonzerte. Zahlreiche in- und ausländische Militärkapellen rissen sich um diese

Ehre. Dem Oberhofmarschallstab lagen eine Menge Gesuche vor. Diese Gesuche wurden meist von den Kommandeuren der sich bewerbenden Militärkapellen eingereicht. Es waren dies überwiegend Regimentskommandeure. Preußische Kapellen lehnte der Prinzregent immer sehr höflich ab. So mußte der Obersthofmeister Graf Seinsheim auch der Kapelle des Infanterieregimentes Kaiser Wilhelm, König von Preußen, abschreiben. Er tut das sehr geschickt, aber auch sehr lakonisch. »Ich beehre mich ergebenst mitzuteilen, daß Seine Kgl. Hoheit der Prinzregent bis Ende September von München abwesend sind und daher von dem freundlichen Angebot Ihres Infanterieregimentes Kaiser Wilhelm Musikkorps keinen Gebrauch machen können. Graf Seinsheim.«

Der Prinzregent tat sich sehr leicht, von München abwesend zu sein, denn er konnte nach Nymphenburg ziehen. Der Kgl. Bay. Hof zieht sowieso häufig zwischen der Kgl. Residenz und Nymphenburg hin und her. Viele Prinzen wachsen in Nymphenburg auf, durchstreifen den dortigen Park, gehen auf die Entenjagd, speisen in der Amalienburg, baden in der Badenburg. Das Residieren wird in Nymphenburg zu einer Lust. Eine zukünftige Kgl. Bay. Hofhaltung müßte vielleicht zu einer gewissen Uhrzeit täglich einmal die Ankunft irgendeines Mitgliedes der Kgl. Familie in der Residenz festlich zelebrieren mit Kgl. Reitern, Kutschen und Musikkapellen, mit Wachparade vor dem Hauptportal der Residenz und so weiter. Desgleichen müßte dann am Abend die Abfahrt nach Nymphenburg ähnlich festlich gehalten werden. So daß die Fremden und Schaulustigen diese prunkende Zeremonie in München viermal erleben können: um neun Uhr die Abfahrt von Nymphenburg, um halb zehn die Ankunft in der Residenz, um sechs Uhr die Abfahrt von der Residenz und um halb sieben die Ankunft in Nymphenburg. Bei besonderen Anlässen, Galaopern, Hoftafeln et cetera könnte ja die Ankunft in der Residenz zweimal statthaben, am Vormittag und am Nachmittag.

Der wöchentliche Samstags-Rosenkranz vor der Mariensäule am Marienplatze müßte auch militärisch und höfisch verbrämt werden.
Und die Musik dürfte niemals fehlen in München. Die Tafelmusiken hatten am bayerischen Hofe ja immer schon eine außergewöhnliche Vollkommenheit. Man denke nur an Orlando di Lasso im 16. Jahrhundert. Bei den künftigen Hoftafelkonzerten könnte sich gelegentlich der Rundfunk einschalten und solche Konzerte auch live übertragen. »Hier ist der Kgl. Bay. Rundfunk. Wir übertragen nun aus der Kgl. Residenz in München die heutige Tafelmusik. Es musiziert über Tisch das Musikkorps des 4. Artillerieregimentes von Augsburg unter der Leitung des Musikdirektors Ludwig Högg. Man bringt auf allerhöchsten Wunsch Melodien Richard Wagners zu Gehör.«
Anno 1879 regierte in Bayern Ludwig II. Er befand sich in dieser Zeit nur noch selten in München. Der Kgl. Eisenbahngalazug, ein sehr prunkvoller Zug, dessen Waggons mit Königskronen geschmückt waren und eine entsprechende ludovizianische Innenarchitektur besaßen, Kgl. Speisesalons geradeso wie ein Kgl. Ruhezimmer oder einen Empfangssalon. Dieser Kgl. Hofzug durchratterte ganze Nächte die bayerischen Regierungsbezirke, fuhr mit dem Monarchen nach Bayreuth oder nach Passau, nach Würzburg, nach Prien am Chiemsee oder nach Füssen. Überwiegend hielt sich um diese Zeit der König bereits in Neuschwanstein und in Linderhof auf. Die Repräsentationspflichten übernahm meistens der Onkel Luitpold, der spätere Prinzregent. Auf einer Frühjahrsparade hatten sich Seine Majestät schon länger nicht mehr sehen lassen. Die Generalität zeigte sich leicht verschnupft. Man trat immer wieder an den König heran mit dem Wunsche, doch die Frühjahrsparade auf dem Münchener Marsfeld wieder persönlich abnehmen zu wollen. Nach etlichen Verschiebungen fand diese Parade denn auch im März 1879 statt. Seine Majestät der König befand sich martialisch zu Pferd und verweilte einige

Minuten im Kreise der Militärs. Anschließend war Hoftafel, und die Musikkapelle des vierten Artillerieregimentes König in Augsburg musizierte über die Kgl. Hoftafel. Man spielte selbstredend auch Wagner. Man hatte jahrelang geübt. Ludwig II. zeigte sich nun plötzlich hingerissen von dieser Militärkapelle, und er diktierte eine mehrere Seiten lange Belobigung. Dieses Kgl. Wohlgefallen an militärischen Einrichtungen mußte, einem Tagesbefehle gleich, über alle Truppenteile des Königreiches an alle Regimentskommandeure geleitet werden. Und es mußte dort auch verlesen werden. Zahlreiche Abschriften dieses Kgl. Lobliedes auf eine Augsburger Militärkapelle existieren noch. Die hohen Militärs werden gestutzt haben. »Was? Um das Trompeterkorps kümmert er sich? Aber von unseren neuen Feldhaubitzen sagt er koa Wörterl?«

Das Kgl. Lobschreiben an die Regimenter der Armee lautet: »Allerhöchstes Schreiben an das Kgl. IV. Feldartillerie-Regiment König in Augsburg. Dem Trompeter-Corps des Kgl. IV. Artillerie-Regiments König ward die Allerhöchste Gnade zu Theil, bei der Kgl. Hoftafel am 31. März 1879 die Tafelmusik ausführen zu dürfen.

Man ist in der angenehmen Lage, dem genannten Musik-Corps bezüglich seinen Leistungen folgendes allerhöchst angeregtes Zeugnis ausstellen zu können, welches, was besondere Betonung verdient, sich in voller Übereinstimmung befindet mit Kunstverständigen, welche als Gäste der Kgl. Tafel Gelegenheit hatten, diese Produktion zu vernehmen.

Das bezeichnete Trompeter-Corps hat sich allerhöchstes Lob verdient. Es hat einige Stücke, wie z. B. die Richard Wagnerschen Compositionen und die Ouverture zu ›Die lustigen Weiber‹, welche für eine Blechmusik sehr gewagt und mit bedeutenden technischen Schwierigkeiten verbunden sind, vortrefflich ausgeführt. Als Hauptvorzüge des Trompeter-Corps sind (außer gewiegten Solisten, besonders am Flügelhorn) zu bezeichnen, und das auf Allerhöchsten Befehl, die reine präzise Stimmung, die vollendete Rundung im Ensemble, der weiche, nur durch sorgfältiges Studium zu erreichende Klang; jede Harmonie tritt stets wie aus einem Gusse voll, rund und weich ans Ohr. Auch in den höheren Lagen wurde nie ein scharfer schriller oder schneidender Ton hörbar. Das sehr heikle piano wurde ebenso zart wie rein geblasen. Die dynamischen Verhältnisse des Musik-Corps dieses Kgl. Artillerie-Regimentes sind günstig ausgeglichen; kein vorlautes Heraustreten eines Einzelnen im mehrstimmigen Satze oder vollem Orchester.

Die Satzweise des Stabstrompeters Carl muß musterhaft genannt werden. Ihr verdankt das Corps die wohltönende Rundung, wie auch demselben Dirigenten das Verdienst einer gleichmäßigen Schulung und Correktur, gewissenhaftester Interpretation der Componisten gebührt.« –

Dem Rundschreiben ist von einer anderen Hand hinzugefügt: »Hierbei sieht man sich veranlaßt, ausdrücklich die Pflege und Liebe rühmlich anzuerkennen, welche der Herr Commandeur und das gesamte Offiziers-Corps des Kgl. IV. Feldartillerie-Regimentes der Ausbildung und Erhaltung des Trompeter-Corps zuwenden – ein Umstand, welcher um so mehr hervorzuheben ist, als derselbe gewiß mit vielen und schweren Opfern verbunden sein wird. München den 1. April 1879 (v. Walther?)«

Es ist ein wahrhaft Kgl. Bay. Militärdokument. Die Musik ist wichtiger als die Kanone. Wie ja auch bei den Kgl. Bay. Manövern das Bierzelt wichtiger war als das Feldherrnzelt. Diese Manöverbierausschankzelte konnten von den Brauereien immer schon Tage vor Manöverbeginn auf dem wechselnden Manövergelände aufgestellt werden. Und das trotz der strikten militärischen Geheimhaltung des Manövergebietes. Vom Regimentskommandeur abwärts wußte kein Mensch über den Manöverplatz Bescheid. War es das Lager Lechfeld oder das Dachauer Moos? Würde man heuer im Isartal oder gar im entfernten Donaumoos manövrieren? Bei Freising oder

Ingolstadt? Am Starnberger See oder in der Holledau? Im Königreich Bayern wurde das Manövergebiet zur geheimen Reichssache erklärt. Lediglich die zuständigen Bierbrauer kannten sich aus. Sie errichteten ihre Zelte, und auch gewisse andere Damen und Würstelverkäufer zogen schon Tage vor Manöverbeginn ins Feld. Und die Kgl. Bay. Truppen folgten ihnen.

Schlußwort

Es ist notwendig, dieses bayerische Königreich. Um der allgemeinen menschlichen Hinfälligkeit halber sehnen wir uns nach einem König. Als Kgl. Bay. Untertan lebt es sich glänzender. Nur der Not koan Schwung lassen! Als Kgl. Straßenkehrer der Kgl. Haupt- und Residenzstadt München – und besitzt man auch keine Uniform, sondern nur eine Dienstmütze mit dem Münchner Kindl und darüber eine Krone – als Kgl. Bay. Arbeiter lebt es sich seelisch um eine Nuance geborgener. Und auf das Seelische kommt es an. Der Computer funktioniert auch im Büro des Oberhofmarschalls.

Das große Gespenst, das unsere Konsumgesellschaft bedroht, heißt »seelische Verarmung der Massen«. Wir Bewohner der europäischen Provinz Bayern wollen nun dieser Verarmung durch die Wiedererrichtung der Kgl. Bay. Monarchie begegnen. Denn der König ist ein Urbild in unseren Seelen. Und dieses Urbild befreit die Seele von den Ängsten der Unterwelt unserer Umwelt. Der Königvater, die Königinmutter, die Prinzen und holden Prinzessinnen, die ganze Königliche Familie, sie alle machen unser Volk zu einer einzigen Großfamilie. Nicht die Wirklichkeit ist so entscheidend für ein glückliches Dasein wie der seelische Friede. Die materialistische Gesellschaftskritik bleibt hilflos, denn der Mensch lebt nicht zuletzt von seinem Wahn.

Vor dem dunklen und unheimlichen Wähnen aber behüte uns ein heiteres bayerisches Gemüt. Am lustigsten wäre es halt doch in einem zeremonienreichen, musikalischen, die Maler, Dichter, Sänger, Tänzerinnen und Schauspieler ehrenden bayerischen Königreich. Die Zeremonien der Republiken entbehren der erhabenen Glaubwürdigkeit. Und sie sind schließlich auch nicht billiger. Mit gut dreißig Millionen Zivilisten könnte man einen Anfang setzen, den Anfang eines Königreiches Bayern, als einer souveränen Provinz in einem vereinigten Europa, das keine repräsentative Spitze hat, wohl aber einen Außen- und einen Armeeminister sowie einen Minister für wirtschaftliche Zusammenarbeit. In dem Europa, in dem sich ein Königreich Bayern am wohlsten fühlen würde, dürften die verschiedensten Staatsformen nebeneinander leben: Republiken und Monarchien, Räterepubliken und kommunistische Diktaturen, faschistische Diktaturen und kirchliche Fürstentümer, Kapitalistenoligarchien und Anarchien. Denn das Leben ist vielgestaltig, auch in einem Königreich Bayern. »Seine Majestät der König haben sich allergnädigst bewogen gefunden, der Schnitzereigeschäftsinhaberin Amalie Kaserer zu München, Prielmayerstraße 72, den Königlichen Hoflieferantentitel zu verleihen.«

Kompetentere und gescheitere Personen als der Verfasser dieser Zeilen mögen sich bald zusammentun und mit dem Chef des Hauses Wittelsbach über die Ausrufung des Königreiches Bayern in Verhandlungen treten! Es lebe der König, es lebe Europa!

Nachwort

»Tassilo, zuerst Herzog, dann König, zuletzt aber Mönch«, der letzte Agilolfinger, von seinem Vetter »Karl dem Großen«, dem in Gauting geborenen (?), entthront und ins Kloster verbannt, ist Herzwurms (des exemplarischen Urbajuwaren? jedenfalls eines Erzbajuwaren) Pate. Man sieht, das Mißgeschick begann schon früh – und immer wieder ging es nicht so, wie der Bajuware will.

Ganz arg ist es aber erst seit 1918 geworden, seit Ludwig III. hat abdanken müssen. Seitdem nagt an Tassilo der Herzwurm. Vom Thron ins Kloster, das war noch eine Verbannung aus der größeren in die kleinere Glückseligkeit – zumindest, wenn es ein bayerisches und dort gar ein Benediktiner-Kloster war. Nun aber reitet Tassilo das schwarz aufgezäumte Paukenpferd, zieht dröhnend durch die Straßen und verliest seinen Appell an allen Ecken und Enden der Kgl. Bay. Haupt- und Residenz-Stadt München: »Der König ist tot, es lebe der König!«

Den Ketzer Herzwurm traf der schwarze – oder besser rote – Revolutionstag ebenso bis ins Mark wie seinen Landsmann Ludwig Thoma. Die Kirche tratzen, sich eher oströmisch als römisch-katholisch, ja sich arianisch nennen, den Zölibat und das Ideal des hl. Aloisius verketzern, das tut dem alten Kelten Herzwurm wohl, aber wehe, wenn man ihm eine alte Institution, ja auch nur eine alte Autorität oder Zeremonie nimmt – dann steht er unversehens auf den Barrikaden gegenüber.

Die Sechzigstundenwoche, um kräftig blauzumachen, viel Reglement, um dagegen verstoßen zu können, viel Autorität, um dagegen aufbegehren zu können, nicht dialektisch denken à la Hegel – mit der Weisheit letztem Schluß: »Um so schlimmer für die Wirklichkeit « –, sondern Komödie spielen, lustigen und übermütigen Assoziationen folgen, wohin sie auch führen, über Stock und Stein, durch Wald und Feld ins kurioseste Paradies, das ist so des Herzwurms Lust. Dabei kommt dann weniger ein Welttheater zustande als eine sinnenfrohe Königsoper mit viel Blech und kunterbunter Folklore-Ausstattung.

Und es ist gewiß nicht immer leicht zu sagen, welches Spiel er da spielt und wie es ihm gelungen, es sei denn, man hält sich bei diesen naiv-pfiffigen, rustikal-antiurbanen, die »gute alte Zeit« vergoldenden und die Moderne verteufelnden, probayrischen, antideutschen, proeuropäischen Bekenntnissen des keltischen Spinners Herzwurm allein an sein »ceterum censeo«: »Die Bayern müssen ihren Kini wiederhaben.«

Der Leser kann schließlich auch mit Herzwurm darauf antworten: »Mir ist's ja grad wurscht, wer uns regiert. Sauwurscht sogar.«

Herzwurm hat selbst die Spiellust von seinesgleichen, getragen vom Temperament und der Doppeldeutigkeit der eigenen Worte, höchst treffend charakterisiert:

»›Nichts übertreiben‹, könnte ein bayerischer Nationalspruch sein. Nicht übertreiben, aber dennoch alles auf die Spitze treiben. Nur wer den Blick für harmonische Verhältnisse und Relationen von Geburt mitbekommen hat, darf sich dabei komödiantische Eskapaden leisten, darf eine Szene bis zur letzten Möglichkeit oder Unmöglichkeit auskosten, darf bei Verhandlungen und auch in Abhandlungen und Essays, solange die Vertragsabschlüsse noch im Fluß sind, die Prämissen und Einzelheiten in fragwürdige, aber vom Gegner soeben noch geglaubte Extreme treiben. Der Gegner muß einem bei aller Übertreibung noch glauben; glaubt er nicht mehr, ist man ein schlechter Verhandler gewesen, war die Szene nichts wert.«

». . . komödiantische Eskapaden leisten, . . . bis zur letzten Möglichkeit oder Unmöglichkeit auskosten . . .«, darauf versteht sich der Herzwurm, während er schlitzohrig darauf lauert, ob er für voll oder deppert genommen wird. Nähme man ihn bei jedem Wort, es wär ein Graus. Nähme man ihn überhaupt nicht ernst, wär's ihm schon gar nicht recht.

Herzwurms Szene ist gewiß das Ihre wert. Wer glaubte ihm nicht, daß er *sein* ureigenes Bayernparadies in Szene gesetzt hat – ein Königs- und Bauerntheater auf den Brettern, die die Welt »bedeuten« (keineswegs »sind«), denn heiter ist diese Kunst – aber leider ernst das Leben.

DER VERLAG